JEAN HUMBLOT

CURÉ DE CHAMBRONCOURT

JEAN HUMBLOT

CURE

DE CHAMBRONCOURT

1806-1884

PAR

L'ABBÉ Ch. RONDOT

SAINT-DIZIER

IMPRIMERIE G. SAINT-AUBIN ET THEVENOT

12, RUE DE BAR, 12

1888

IMPRIMATUR

ALPHONSE-MARTIN

ÉVÊQUE DE LANGRES

Langres, le 13 août 1888.

JEAN HUMBLOT

CURÉ DE CHAMBRONCOURT

I

Dans ce siècle de fer qui a prétendu, — sans nulle preuve à l'appui, — ressusciter l'âge d'or, c'est une rareté de découvrir un horizon où l'on n'entende point le sifflet criard d'une machine à vapeur, où l'on ne voie point monter, comme un nuage sordide, la fumée tourbillonnante de quelque locomotive. L'on ne rencontre plus guère ni le calme heureux des consciences, ni le silence recueilli de la solitude. Cependant, il reste encore quelques endroits privilégiés dont les échos sont vierges du cri rageur et inhumain qui retentit déchirant dans nos plus belles vallées, — semblable à la voix sinistre du paon qui afflige un parc splendide ; — des villages écartés qui vivent enveloppés d'un silence en quelque sorte religieux, rompu seulement par le chant si musical des oiseaux et le bruit tranquille du travail des champs.

L'un de ces villages c'est Chambroncourt.

Vous quittez à Roches la gracieuse vallée du Rognon, et vous prenez un chemin perpendiculaire à la rivière. Vous longez un ruisseau abondant, aux eaux admirablement claires ; bientôt vous voilà en pleine forêt, sur une route montante, étroite, coupée à vif dans la colline. A droite, des escarpements profonds tapissés de verdure et d'arbres qui dissimulent les précipices. Après une heure

de marche à peine, au fond du val de la Joux de plus en plus res-
serré que vous dominez maintenant, voici une solitude telle
que la rêvaient les moines, une oasis verte arrosée par des
eaux bruissantes, entre deux côtes boisées très rapprochées et à
pic. Aussi bien des bénédictines avaient-elles choisi cet endroit
retiré et propice à la méditation pour s'y établir. C'est là que voulut dormir son dernier sommeil la femme du sire de Joinville. Leur
monastère s'élevait à la même place qu'occupent ces beaux jeunes
sapins ; un peu plus haut une digue formait l'étang qui fournissait
aux religieuses le poisson, leur unique nourriture. Quand elles se
promenaient sous leurs cloîtres, inconnues au monde, dont nul
bruit ne venait les troubler, et se demandant à peine, comme
St Paul, le premier ermite, s'il y avait encore des villes, si l'on
bâtissait toujours des maisons, leur univers se bornait à ces vieux
arbres aux cîmes tombantes ; et ne pouvant voir que le ciel, elles
levaient au ciel leurs regards et leurs âmes, comme ces sapins,
— plantés peut-être sur leurs tombeaux, — qui dressent leurs longues tiges grêles, avides d'air et qui étoufferaient, trop près du
sol.

Vous montez toujours, emportant avec vous ces souvenirs forti-
fiants d'un autre âge. Une heure encore, et vous débouchez sur un
vaste plateau dénudé, aux champs bien cultivés quoique ingrats.
Çà et là pointillent les clochers, marquant la place des villages. Ici
plus qu'ailleurs, dans ce repos d'une nature apaisée et solitaire,
l'on se sent en pays chrétien. Comme le paysage serait triste,
monotone, désert, n'étaient les clochers qui le relèvent, l'ani-
ment, et attirent l'œil qui jouit d'aller de flèche en flèche ! L'âme
accompagne le regard vers chacune de ces pointes aériennes,
célestes, d'où se dégage la prière et qui font prier.

Voici Busson, assis sur un penchant, les pieds dans la verdure
de ses prés ; en contre-bas et dans un demi-jour Pautaines ; au
sommet, en pleine lumière, Leurville, au milieu de champs ferti-
les, dominant, ou plutôt écrasant l'horizon par sa tour qui de loin
vous paraît monumentale. Puis une flèche, sœur des autres, mais
plus jeune, plus coquette, se dessine sur un fond de nature morte,
qui la fait mieux ressortir entre deux verts bouquets de bois. Une
route blanche vous conduit de ce côté, déchirant dans les tranchées

le sol rocailleux d'où l'on extrait, — pour une prochaine voie
ferrée, — des pierres d'un bel appareil. Dans les champs, quelques
rares buissons d'épines seulement, quoique le finage soit immense.
C'est que les habitants y sont travailleurs, froids comme leur plateau, âpres comme la bise qui le laboure l'hiver, sachant moins le
prix de leurs sueurs que celui de leur sol. Alors un village se lève
d'un pli de terrain, rangé au pied de son église qui seule le révélait, et qui regarde, à l'horizon fermé par une lointaine ceinture de
forêts, Trampot renommé pour son beau grain de pierre, et Grand
célèbre par ses incomparables ruines romaines.

Vous êtes à Chambroncourt.

Mais si vous voulez l'envisager sous son aspect le plus favora-
ble, vous le traversez et vous gravissez au nord-est le chemin
de Morionvilliers jusqu'auprès d'un bois qui n'a guère qu'une con-
tenance de quelques hectares. Là, d'un coup d'œil vous embrassez
le village. La route serpentante laisse à gauche la mare, à droite
les vestiges de l'ancien château et la fontaine de St-Robert ; puis
envoie sur la droite un bras de rue qui longe Chambroncourt ;
ensuite elle passe sur le front de belles maisons de pierres, carrées
et solides, et monte droit à l'église. De son point culminant celle-ci
domine les grands tilleuls qui ombragent le chœur, les sapins noirs
et élancés, tout le vallon, tous les édifices. Elle est gracieusement
campée à mi-côte, cette jolie église ogivale, au clocher bien pris
qui se détache hardiment de la galerie transversale, terminée par
deux tourelles. Les architectes ne la trouveront pas sans défaut,
mais elle demeure élégante, n'est point dépourvue de majesté et
fait l'orgueil légitime des honnêtes habitants de Chambroncourt
qui aiment à y venir prier tous les dimanches.

II

Ce qu'était ce village il y a mille ans nul ne saurait le dire. Il existait déjà sans doute, car le clocher de l'ancienne église démolie en 1844 était roman. Un cercueil de pierre découvert en 1768 par un ancien curé de cette paroisse, M. Vitri, ferait conjecturer que Chambroncourt remonte à l'époque gauloise. Le nom même qu'il portait alors s'est perdu.

Un jour, au douzième siècle, on vit arriver des hommes vêtus d'habits grossiers, la tête couverte d'un froc, la poitrine ornée d'une croix. Ils s'établirent un peu en arrière de l'église, bâtirent quelques cabanes, puis des édifices plus importants, faisant alterner le travail et la prière. C'étaient des disciples de Robert de Molesmes, mort en 1124 (1). Autour d'eux vinrent s'établir quelques familles, leur demandant protection contre les étrangers qui de temps en temps ravageaient le pays et pillaient tout sur leur passage ; puis contre les seigneurs qui guerroyaient châteaux contre châteaux, mais respectaient les religieux, représentants de Dieu et de l'Église. Ceux-ci firent bientôt corps avec les indigènes et avec les familles nouvelles groupées autour de leur prieuré. Ils les instruisirent, leur prodiguèrent des soins pieux pour l'âme et pour le corps, et leur prêchèrent la dévotion à St Thiébaud. Ce descendant des comtes de Champagne s'était voué à la dure vie de pélerin, comme St Labre, et après avoir parcouru les principaux sanctuaires de la chrétienté, Trèves, Compostelle et Rome, était mort doucement dans le Seigneur, en 1067, à Vicence, chez les Camaldules. Alexandre III l'avait canonisé vers 1160, et l'exemple d'un prince qui avait

(1) Étienne de Reynel, compagnon de St Simon, de Bar-sur-Aube, étant devenu abbé de Molesmes, fonda le prieuré de Chambroncourt en 1088. Thiébaud frère d'Étienne, donna aux religieux en 1096 tout ce qu'il possédait à Chambroncourt, et cette donation fut approuvée par l'évêque de Toul en 1127. Le comte de Reynel ne céda point tous ses droits, delà une guerre entre les deux familles. (Jolibois)

renoncé aux splendeurs des pompes mondaines pour se faire volontairement le pauvre de J.-C., fit une vive impression sur ces hommes qui, étant nés pauvres, souffraient de plus des horreurs de l'invasion, et des querelles féodales pires encore. Les moines aidèrent le peuple à reconstruire le chœur de l'église dans le style gothique, et Chambroncourt fut placé sous le vocable de St Thiébaud. Ce chœur démoli en 1844, avec toute la vieille église, avait encore gardé de la construction primitive quelques modillons de l'époque romane.

C'est alors sans doute que le village prit son nom moderne. Le prieuré s'était agrandi et l'église se trouvait enclavée dans son enceinte ; le village prospérait. Une foule d'étrangers accouraient, attirés par la présence tutélaire des religieux, et par les eaux qui nulle part aux environs ne sont aussi abondantes, savoureuses et saines. Le prieur du couvent était en même temps gardien de la chapelle, *chambrier, camerarius*, et les terrains qu'il avait défrichés devinrent assez considérables pour qu'on désignât cet endroit sous le nom de Chambroncourt, c'est-à-dire « Domaine du Chambrier (1) ».

Le treizième et le quatorzième siècles furent peut-être la période la plus florissante de Chambroncourt. Le cimetière s'étendait autour de l'église ; on enterrait les religieux dans le chœur ou dans la nef ; et la quantité d'ossements qu'on a découverts, soit en creusant les fondations de la nouvelle église, soit en faisant des fouilles pour les fontaines, laisse croire que la population y fut alors relativement considérable.

Vinrent les guerres des Anglais ou celles de Lorraine, les maisons furent brûlées ou rasées, la vieille nef de l'église dut s'écrouler ; on ignore l'époque de ces désastres (2). Ce qu'on sait c'est qu'aujourd'hui encore le territoire est semé de ruines, et que la nef fut reconstruite dans le style de la Renaissance. La sécurité reparut, mais non l'ancienne prospérité du temps où l'on disait, comme en Alsace : « Il fait bon vivre sous la crosse ». Les évêques de Toul

(1) Chambroncourt s'écrivait *Chambroncour*. Peut-être pourrait-on lui donner aussi pour étymologie *camerarii cura*.

(2) En 1600, il n'y avait plus à Chambroncourt que 20 feux ; en 1690, 35 ; en 1750, 40 ; en 1790, 60 ; en 1844, 68.

confirmèrent les bénédictins de St Robert dans leurs possessions ; Mais le Chambrier fut contraint de leur en faire hommage. Puis le prieuré devint une commende dont le titulaire faisait dire deux messes par semaine. Le surplus du revenu ne montait pas à cent livres, toutes charges payées (1). Un seigneur s'établit à Chambroncourt, puis un curé. On construisit alors un château, non fortifié, ce qui le ferait remonter au milieu du seizième siècle.

Chambroncourt était du bailliage de Chaumont et de la prévôté d'Andelot, au civil ; et, comme paroisse, il dépendait de l'évêché de Toul, faisant partie de l'archidiaconé et du doyenné de Reynel.

*
* *

Or le 2 novembre 1609, « par devant Claude Thomas mayeur en « garde au lieu et village de Chambroncourt, en présence de Michel « Maignier greffier, juré en la justice dudit Chambroncourt, étant « assemblés audit lieu en fait de communauté, et convoqués au son « de la cloche, comparaissaient en leurs personnes François-Jean-« Thiébaud, Jean Drin, Nicolas Mouginot l'aîné, Nicolas Mougi-« not le jeune, Jean Thomas, Philippe Rimaucourt, Nicolas Mar-« chal, Claude Biez, Pierre Thomas et Jean Jacquemand, tous « représentant la plus grande et saine partie des habitants », et il leur fut « exhibé un commandement de Sa Majesté, envoyé de la « part de Messieurs les commissaires députés par Sa Majesté, « touchant les francs fiefs, a eux délivré par l'huissier Massez ».

Ce que Henri IV voulait savoir, c'est à qui ils appartenaient. Ils députèrent Jean Drin à Chaumont pour déclarer qu'ils apparte-naient « à M. le Marquis de Rinel, (Reynel), et qu'il y est haut-« justicier. Aussi que le prieur dudit lieu y prend les amendes « jusqu'à soixante sols et au-dessus, lequel sieur prieur y a plu-« sieurs terres et prés ».

Une pierre tumulaire nous apprend que le châtelain de Chambron-court, « Seigneur de Chambroncour, Espison, Grand et Trampot » était au milieu du XVIIᵉ siècle : « Messire Antoine de Beaujeu, « Chevalier » époux de Dame Nicolle Martin. Il mourut en 1670 et fut enterré au chœur de l'église. L'inscription funéraire fut mise « à la diligence de Messire Nicolas de Beaujeu son fils, seigneur

(1) Pouillé ecclésiastique de Toul.

« desdits lieux, brigadier général des armées du Roy, capitaine
« des gendarmes de M. le duc d'Anjou, » et gouverneur de
St-Dizier.

A l'aide de ces données, essayons de reconstituer la physionomie
de Chambroncourt vers la fin du XVIIᵉ siècle.

III

Il s'est relevé de ses ruines, et voici qu'il est redevenu impor-
tant parmi les villages d'alentour. Son curé est de droit échevin
du doyenné de Reynel. Chambroncourt possède un tribunal de
haute justice qui se compose de son seigneur, Nicolas de Beaujeu, grand justicier, d'un juge ordinaire, d'un lieutenant, d'un ser-
gent et d'un greffier, qui tous dépendent du juge, enfin d'un
procureur fiscal. — Au point de vue militaire, son même seigneur
est « brigadier général des armées du Roy, et capitaine des gendarmes de M. le duc d'Anjou, » ce qui nécessite une garde permanente de cavalerie, un juge de cette garde et un maréchal des
logis. Du fond de son grand château, entouré de tilleuls séculaires,
messire Nicolas de Beaujeu observe les évènements, toujours prêt
à partir avec sa garde sur un ordre du roi, et Louis XIV ne laisse
point chômer son armée. De fait, le seigneur de Chambroncourt
ira mourir dans un combat obscur, sans laisser de postérité (1).

Au milieu du village s'élève un four banal, construit par la fabrique de l'église et lui appartenant. Ce four jouit d'un affouage par-
ticulier, mais il paie un cens de quatre sols par an au seigneur, et
de trois sols au prieur. Chambroncourt possède aussi un moulin à
vent situé à deux cents mètres, au nord-est, non loin du prieuré, pour
qui il moud tous les mercredis. Le curé a la jouissance de deux
bons hectares de terre, il lève la moitié des grosses dîmes et les
deux tiers des menues ; le prieuré lève le reste. C'étaient les

(1) Les armes des seigneurs de Beaujeu portaient « de gueules à cinq fasces
d'argent. » (Jolibois).

impôts d'alors, qu'il serait difficile d'évaluer, mais qui à coup sûr étaient moins lourds que les nôtres. D'ailleurs nulle chicane entre le prieuré et la Commune, car les droits de chacun sont parfaitement délimités. Celui-là, par exemple, entretient le sanctuaire et les chapelles de l'église ; celle-ci, la nef et la tour. Et l'on vit en bonne intelligence. Les pauvres, — car il y en a toujours, — sont accueillis à la porte du couvent, et les fêtes du peuple sont les fêtes de l'Église.

Il y a toutefois une fête qu'il célèbre plus bruyamment que les autres, c'est celle de St Thiébaud, à l'ermitage.

A quelques centaines de mètres derrière le chevet de l'église, de temps immémorial s'est établi un ermite, dans une pauvre cabane, auprès de la fontaine miraculeuse de St Thiébaud qui, d'après les Bollandistes et la tradition, guérit de la fièvre. Là il mène sa vie recluse, presque à l'ombre du prieuré, vivant des aumônes des nombreux pèlerins, payant d'une prière le morceau de pain qu'il reçoit, et édifiant tout le voisinage par ses austérités.

Le premier dimanche de juillet, à la fête de St Thiébaud, il y a grande affluence auprès de la cabane, ou plutôt à la vieille chapelle de St Thiébaud, toute tapissée des tiges enlaçantes du lierre. On y accourt de quatre lieues à la ronde, on boit de cette eau merveilleuse qui n'a jamais causé la moindre indisposition, on s'amuse sous les frais ombrages des tilleuls, — Chambroncourt affectionnait les tilleuls, — et la journée se passe ainsi dans une joie chrétienne qui n'a pas exclu la prière.

Les abus vinrent plus tard avec la Révolution, avec la dépravation des mœurs ; et comme toujours, ils firent tomber la fête et créèrent la solitude. Le bien seul possède les conditions de la durée. Mais alors la foi réglait et purifiait les mœurs, l'inconduite était une rareté réprouvée par l'opinion, et l'Église, loin d'empêcher la liesse de ses enfants, se réjouissait de leurs joies, de leurs ébats champêtres et de leurs chants.

*
* *

M. de la Rue, seigneur de Reynel et de Mareilles succéda à la famille de Beaujeu et en dispersa les biens. Deux prêtres, l'oncle et le neveu, Jean-Baptiste Dubois et Pierre Dubois paraissent avoir joué alors un rôle considérable à Chambroncourt. Ensemble ils y vécurent près de soixante ans (1700-1757). Ils l'ont en quelque sorte adopté pour leur patrie, car le frère de Pierre, Antoine Dubois, un laïque, est enterré auprès d'eux, et Marie Dubois, leur sœur, lègue à la commune 600 francs à titre de fondation pour faire instruire gratuitement les enfants pauvres. Je ne sais pourquoi cette figure, inconnue pourtant, vous attache. Élevée sans doute par son oncle, puis demeurée la compagne de ses frères, elle fut initiée par eux aux grands besoins du peuple, elle apprit à leur école qu'elle est la suprême misère : l'ignorance. Un courant nouveau poussait alors les esprits, courant enchanteur que les curés de campagne, les seuls véritables frères du peuple, rêvaient chrétien ; et qui devait, croyaient-ils, conduire la France vers des rivages fortunés. Marie Dubois partageait ces illusions enthousiastes, et quand elle mourut, presque centenaire (1781), sa dernière pensée peut-être, pendant que sa nièce Françoise Dubois lui fermait les yeux, fut pour ces pauvres à qui elle laissait une partie de son patrimoine.

Elle était née à Huilliécourt en 1689. Nous verrons plus loin qu'elle érigea avec sa nièce une magnifique croix à la mémoire de son oncle et de ses frères. Elle devait être grande, car elle faisait grand.

La Révolution dissipa cet argent, — l'argent des pauvres, — comme elle gaspilla tout : le désordre est de son essence. Elle détruisit le prieuré, et les cinq ou six religieux qui y demeuraient durent s'exiler. Elle rasa les grands tilleuls du château, pilla les reliquaires, fondit les cloches, seul l'ermite fut oublié avec ses arbres auprès de sa chapelle de la Renaissance, vieillie sous les étreintes du lierre ; mais lui-même disparut vers 1820. Un orage a depuis foudroyé le clocher de l'oratoire. Heureusement qu'il s'est trouvé une main généreuse qui a réparé ces ruines, ressuscitant ainsi les débris d'un passé vénérable qu'on se prend parfois à regretter ?

*
* *

Le curé qui desservit Chambroncourt pendant la Révolution, François Huttin, devait être un habile homme. Arrivé en 1789, à la veille des évènements, il sut conquérir l'affection de ses paroissiens, qui durant les mauvais jours le nommèrent leur maire. Pour sacrifier en quelque chose à son époque, et guider plus sûrement l'opinion, il se fit de plus cabaretier. Quand on vint s'emparer du reliquaire d'argent qui renfermait des reliques de St Thiébaud et de St Léger, évêque, il abandonna le reliquaire, qui fut porté à Bourmont, mais garda les reliques. Il se réservait de les replacer sur les autels en des jours plus propices. Il est vrai que le nouveau reliquaire fut de fer-blanc. Au sortir de la Révolution, l'Église paraissait bien aussi revenir des Catacombes. Mais les restes de ses saints pour elle sont autrement précieux que l'or. Les temples se rouvrirent, les fidèles y affluèrent et peu à peu le désastre s'oublia. En 1820, M. Huttin faisait fondre deux cloches ; l'une eut pour « parrain M. André Adam, maître de forges de Thonnance-les-Mou- « lins, et pour marraine demoiselle Magdeleine Adam du même « lieu » ; l'autre « Jean-Baptiste Amiot le jeune, et demoiselle Marie-Anne Amiot de Chambroncourt ». Les deux sœurs de bronze appelèrent avec succès les chrétiens à l'église. Quand M. Huttin mourut, après trente-cinq ans de ministère, l'édifice spirituel était étayé, les consciences calmées : il fallait un homme pour continuer son œuvre et pour relever aussi l'édifice matériel qui menaçait ruine (1).

Son successeur, M. Chaudron, ne comprit point sa mission, mais il ne dura guère. M. Martin, qui vint ensuite, était trop faible de santé, malgré son zèle et sa foi, pour porter, ou même pour soulever un aussi lourd fardeau. Dieu avait choisi son homme, un homme fait pour toutes les fatigues, toutes les luttes, tous les labeurs, tous les dévouements.

C'était Jean Humblot, qui devint dans tout le diocèse le légendaire curé de Chambroncourt.

(1) Nous avons emprunté la plupart de ces détails à un travail fait par M. Humblot lui-même, et au sujet duquel M. Bouillevaux, alors curé de Cerizières, lui écrivait le 15 mars 1848, en le remerciant : « Il serait à désirer que chaque commune eût pour pasteur un curé aussi zélé que vous. Nous aurions alors des renseignements très utiles pour l'histoire locale de notre pays. »

IV

Jean Humblot naquit à Coiffy-le-Haut le 11 mai 1806. Son père s'appelait Isaac Humblot, sa mère, Françoise Messager. Il vint au monde un dimanche et fut baptisé le même jour. C'est que dans sa famille la foi était vivante, et l'on ne dormait point tranquille quand on sentait un petit païen à la maison. Joseph de Maistre a écrit : « L'homme moral est formé à six ans, sur les genoux de la mère ». Dès l'âge de six ans, Jean annonçait déjà des idées arrêtées, des convictions, un caractère. Son père ayant injustement querellé sa mère, l'enfant prit hardiment le parti de celle-ci : « Vous avez tort, père Isaac, dit-il, vous êtes méchant ! » Isaac était cependant un homme droit, rangé, un excellent chrétien ; mais qui ne s'est jamais laissé surprendre par une heure d'emportement ? Dans le vieillard de soixante-treize ans, nous retrouverons la même attitude du petit bonhomme de six ans, les mêmes boutades, à l'endroit de son évêque cette fois, la même sincérité aussi. Quand il se croyait dans le vrai, l'univers ne l'eût pas fait reculer : il était né avec le tempérament et la foi d'un martyr.

Il n'avait que huit ans quand les alliés envahirent la France, et la mémoire lui en était restée si vive qu'il se rappelait l'appel nominal, les termes du commandement, même les noms de plusieurs soldats allemands. La guerre de 1870 vint raviver ces souvenirs, et il peignait avec une étonnante fidélité de couleurs le défilé des troupes ou la revue des alliés sur la place de Coiffy en 1814.

La culture de la vigne ni des champs n'avait d'attrait pour cet enfant nerveux, intelligent, et dont le regard interrogateur cherchait à pénétrer les causes. On n'était point riche, la famille se faisait nombreuse et les temps incertains étaient peu favorables à l'étude. On dut attendre quelques années et il entra assez âgé au petit séminaire de Senaide, non loin de son pays natal. Il vint achever ses humanités au collège de Langres et fut admis à la tonsure le 9 juin 1827.

M. Barrillot était alors supérieur du grand séminaire. Habitué à voir tout le monde s'incliner devant la dignité de son mérite et de ses talents, surtout devant l'ascendant que lui valaient les services rendus et son autorité de restaurateur du diocèse, il eut quelque peine à comprendre ce jeune clerc aux reparties promptes, aux allures indépendantes qui pliait bien sa volonté à la règle, mais non son intelligence aux idées gallicanes alors régnantes. A défaut de la science ecclésiastique, qui sommeillait encore, l'abbé Humblot possédait une sorte d'intuition du vrai, qui le rendait mal à l'aise à travers les médiocrités de Valla et les assertions presque hérétiques du théologien Bailly. Il discutait, se cabrait et parfois s'emballait. — « Vous avez une tête de Bonaparte » lui dit un jour le supérieur à bout. Or dans la bouche de M. Barrillot pour qui la légitimité était à peu près un dogme, c'était bien la plus sanglante injure qu'on pût imaginer ; car il ne se départait guère, même au plus fort de l'indignation, de ce bon ton et de cette politesse de l'autre siècle, où les sentiments les plus vifs ne se traduisaient point par des éclats, mais par des nuances exquises, à l'aide desquelles l'urbanité même savait exprimer le profond mépris.

Le jeune clerc, lui, ignorait cet art des nuances, et il répondait, suivant sa pensée, naïvement et librement :

— Oh bien ! Monsieur le supérieur, si c'est cela, je m'en retournerai chez mon père Isaac, il a de quoi me nourrir.

Le bon supérieur sourit à cet étrange propos et sachant d'ailleurs quelle droiture et quelle piété recélait cette nature franche et primesautière, il l'appela au sous-diaconat, puis au diaconat, la même année, en 1832 (1). Le siège de Langres étant alors vacant, l'abbé Humblot dût se rendre à Besançon pour y être ordonné diacre par le cardinal de Rohan-Chabot, le 22 septembre. Au retour, il fut arrêté dans un village avec ses compagnons, comme déserteur de la garde nationale. On se souvient en quelle suspicion hostile on tenait alors les prêtres. A tous les moments de crise d'ailleurs, le costume sacerdotal a paru un signal de contradiction, et pendant la guerre dernière, — sans doute sur un mot d'ordre maçonnique,

(1) M. Humblot eut pour condisciples et pour amis le chanoine Dévoitine et M. Brayer, mort curé de Vesaignes-sous-Lafauche ; M. l'abbé Thiébaut, son parent, et M. Constant, qui plus tard dirigèrent l'institution de Malroy.

— les gardes nationales, affolées de peur et voyant partout des espions, brillèrent par les mêmes exploits, les mêmes vaillantises. Le jeune diacre fut donc jeté au violon où il passa la nuit. Pourtant le lendemain, sa feuille d'ordination qu'il présentât et qu'on avait réprouvée d'abord, fut trouvée suffisante par ces lettrés d'occasion, qui prenaient peut-être le latin pour de l'allemand. Ils le relâchèrent.

Le 2 mars 1833 il fut élevé au sacerdoce et nommé vicaire à Hortes. Sa science théologique alors n'était point profonde ni complète ; mais il le savait, ce qui est déjà un immense mérite. Toute sa vie il souffrira de ces lacunes que l'on ne parvient jamais à combler, quand l'enseignement a été manqué ou bien la jeunesse imbue d'idées fausses. L'esprit comme l'arbre, doit fleurir en son temps : les fleurs tardives ne donnent point de fruit. Personne ne le sentit mieux que l'abbé Humblot : « Je suis un curé fait à la serpe » disait-il un jour dans sa langue originale. La serpe avait bien travaillé sans doute, mais chez lui les contours ne furent jamais achevés. Il lui resta cette raideur et pourtant cette noblesse bien accusée des statues ébauchées par un maître. Quand plus tard il connut St Thomas, il ne revenait pas de son admiration. Il lisait avec ravissement et ce qu'il en comprenait lui suffisait pour lui révéler un foyer intense de vérité : « Que c'est beau ! s'écriait-il, « Que c'est beau ! Ah ! si j'avais eu ce livre autrefois ! On devrait « le mettre entre les mains de tous les jeunes clercs ! »

*
* *

La veille de la Pentecôte de l'année 1834, arrivait à Chambroncourt un jeune prêtre de petite taille, au tempérament sec, à la démarche rapide. Son teint jaune et bilieux, ses cheveux très noirs et collants, ses yeux gris tachetés de brun, sa physionomie expressive, que rendait plus énergique encore un nez fortement aquilin, l'ensemble de l'attitude qui révélait une nature pleine de nerf, de volonté, de ressources, attirait l'attention des habitants qui attendaient un curé et qui tous sortirent sur leurs portes. Le nouveau curé, — car c'était lui, — saluait avec cette émotion bienveillante que l'on éprouve toujours quand on prend possession d'une paroisse dont les âmes désormais incombent à votre responsabilité. Il courait plutôt qu'il ne marchait. Il alla droit à la maison du maire, frappa deux coups pressés et entra aussitôt. Il déclina son nom, son titre de curé de Chambroncourt, prit quelques sobres informations, serra d'une de ces étreintes loyales où il mettait tout son cœur la main du premier magistrat de la commune et partit.

Cet extérieur modeste, ces allures saccadées ne prévinrent sans doute pas en sa faveur la dame du maire, car celui-ci échangeait encore avec son hôte d'un instant les dernières salutations, que déjà sa femme l'interpellait d'un ton de mauvaise humeur :

— Jeanjean, disait-elle, est-ce que vous n'aviez pas demandé un curé à Monseigneur l'Évêque ?

— Oui, le voilà !

— Ça ? Monseigneur s'est moqué de nous ! Il ne nous en a envoyé que la moitié d'un.

Le jeune curé qui les entendit s'éloigna en souriant. Il aimait à raconter ce trait piquant, et il ne manquait point d'ajouter :

— Cette bonne femme disait plus vrai qu'elle ne pensait. Nous étions deux frères jumeaux, mon frère est mort. En réalité je ne suis qu'une moitié.

V.

Le vice capital de toute paroisse, c'était alors l'ignorance générale. En supprimant les corporations religieuses enseignantes, et en exilant les prêtres qui, chacun dans leur paroisse, instruisaient ou faisaient instruire le peuple, la Révolution fit peser sur la France une effroyable ignorance. Les générations qui ont précédé 1789 savaient lire, nos grands pères ne le savaient plus, n'ayant pas eu de maîtres puisque pendant plus de dix ans, si les écoles n'étaient pas fermées, elles manquaient d'instituteurs et d'élèves. Trente ans après, la guerre ayant d'ailleurs absorbé presque toutes les forces intellectuelles du pays, le personnel enseignant n'avait pu se reconstituer qu'en appelant dans son sein quantité de fruits secs et de non-valeurs. L'instruction était donc à peu près absente.

Nous verrons comment l'abbé Jean Humblot se passionna plus tard pour cette question.

Mais ce qui l'effrayait le plus, c'était l'ignorance religieuse. Les murs délabrés de son église noire, crevassée, penchante et prête à s'effondrer, lui offraient une image assez fidèle des âmes de ses paroissiens, pleines d'obscurités et de doutes, de leur foi sans consistance et de leurs consciences mal formées. Instruire, instruire toujours, instruire quand même, telle fut dès lors sa devise. Et il multiplia les catéchismes, persuadé qu'une journée passée sans avoir parlé de Dieu aux enfants est une journée perdue. On trouva cette manière étrange, nouvelle, et même dure, particulièrement ceux qui avaient été élevés et qui vivaient dans une bienheureuse ignorance de leurs devoirs. Le jeune curé n'était pas homme à transiger sur ce principe fondamental, et la lutte ne l'effrayait point. Il lutta avec cette obstination tranquille qui demeure toujours victorieuse. Mais l'impassibilité n'étant point son fait, parfois il survint quelque éclat. Le lendemain, il ramassait les morceaux brisés. Il excellait à rétablir et à fortifier l'affection lorsqu'elle avait cédé sous le choc, et l'on ne se souvenait plus de rien, car il n'obéissait qu'au devoir, jamais à la passion.

*
* *

N'eût été que Chambroncourt, son rôle ne comprenait pas d'énormes difficultés. Mais il était aussi chargé d'une annexe située à deux kilomètres, avec une côte à gravir et un bois.

Morionvilliers, comme la succursale, appartenait autrefois au diocèse de Toul. En l'an 1172, Pierre de Brixey évêque de Toul, donna l'église de Morionvilliers et celle de Trampot à l'abbaye de Mureaux, à condition qu'après sa mort les religieux prieraient pour lui en son jour anniversaire. Ce village possédait aussi un château, mais fortifié, pourvu de meurtrières pour les canons, et entouré de fossés. Le chœur de l'église est du XVIᵉ siècle, avec quelques traces de l'époque romane (1). Joseph de Comble, seigneur de Noncourt

---

(1) En face du portail, dans le cimetière, demeurait autrefois un religieux, gardien de l'église. On a retrouvé les traces du foyer de sa maison en opérant des fouilles dans le cimetière. On a découvert également des cercueils en pierre, et plusieurs croix tumulaires gravées en creux dans la pierre. Le cimetière très vaste a été rétréci trois fois. Il y a donc lieu de conclure que Morionvilliers jouissait au moyen-âge d'une population assez nombreuse.

et de Thonnance les Moulins, mort à Morionvilliers le 17 octobre 1730 est enterré au chœur, sans doute parce qu'il était le châtelain de l'endroit. Morionvilliers qui était aussi du diocèse de Toul fut annexé en 1796 à celui de Langres. La nef et le clocher ont été reconstruits en 1820. Il règne partout une grande décence, et l'on aime à prier dans le sanctuaire rajeuni, baigné d'une lumière douce, et qui a vraiment du style. Pour être borné, le paysage est agréable, la vue est belle du château, et les habitants paraissent bons, avenants ; ils saluent bien, ils aiment le prêtre.

C'est que pendant cinquante ans ils furent témoins d'un zèle, d'un dévouement incroyable ; mieux que cela, d'un héroïsme constant pour les servir, pour instruire leurs enfants. Leur église n'était qu'une simple église d'annexe, pour laquelle par conséquent l'on ne pouvait obtenir aucun secours de l'État. L'abbé Humblot la fit ériger au prix d'efforts d'une invincible persévérance en chapelle de secours (en 1869). Il lui fallut plus de dix ans pour atteindre ce but. L'église n'avait point de sacristie et les ornements pourrissaient derrière l'autel dans un mauvais meuble malsain. Il se souvint que Mme la marquise de Maupas, propriétaire d'un bois voisin, avait relevé le clocher en 1820 et rebàti les murs du cimetière. Il fit appel à sa générosité qui ne sut jamais rien refuser. De son côté, le Conseil municipal lui rendait justice et l'aimait. La commune était pauvre, mais on était riche de bonne volonté et d'efforts. On fit ce qu'on put, c'est-à-dire beaucoup. La multiplicité de ces élans bien dirigés produisit des œuvres durables. Une belle sacristie, spacieuse et aérée fut bàtie (1867), peu à peu elle se meubla d'ornements proprets, plusieurs beaux et solides ; les autels furent repeints, les murs de l'église décorés d'un chemin de croix. Une grâce particulière est attachée à chaque objet sacré, qui apporte à nos sanctuaires l'éclat même naturel de sa jeune splendeur. Cela réjouit et rajeunit la piété. Aussi Morionvilliers demeura-t-il fidèle à son pasteur, malgré quelques luttes mémorables où celui-ci dut faire triompher le droit ; et longtemps encore sa mémoire y sera bénie et vénérée.

*
* *

Chaque matin, depuis la Toussaint jusqu'au mois de mai, l'in-

fatigable prêtre sortait de sa cure à quatre heures et demie, bran-
dissant son légendaire « bâton de fer », — une forte poignée de
bois dans laquelle s'encastrait une lame d'acier en tire-bouchon, —
il montait la côte qui conduit à Morionvilliers, longeait, non sans
éprouver un frisson instinctif, — car la nature l'avait fait timide,
peureux même, d'une peur nerveuse, mais que l'obstacle irritait et
par une réaction soudaine transformait en une intrépidité étonnante,
— il longeait le bois qui borde la route, descendait à Morionvilliers et traînait son lourd bâton dans la rue. C'était le signal
du réveil. Alors tous les enfants de sept à douze ans se levaient à
la hâte et accouraient au catéchisme. Un bon feu d'ailleurs les
attendait au pied à terre du curé. On faisait cercle, on récitait la
prière, puis l'abbé Humblot commençait le plus singulier et le plus
intéressant catéchisme qui se puisse concevoir. Les mois de
novembre et de décembre étaient consacrés à l'histoire sainte. Il
procédait par tableaux, parlait avec une conviction, une abondance
telle que les enfants étaient ravis. Il avait ses couleurs à lui, ses
images étranges, son langage personnel, une originalité d'expression inouïe. Ses tableaux sans doute étaient moins savants que
ceux de M. Taine, mais à coup sûr, à défaut de style académique,
on y eût trouvé plus de coloris, de variété saisissante et d'effet.
Il fallait que cet homme possédât une vraie puissance de parole
pour tenir en haleine, parfois pendant des heures, ces bambins
qui en oubliaient leurs jeux et qui pleuraient, inconsolables, si leurs
parents, prétextant le froid ou la neige, les laissaient au lit. Comment d'ailleurs s'ennuyer ? Ce qui rend aux enfants l'étude pénible,
ce sont les leçons de mémoire qu'il faut apprendre seul, la tête
courbée sur un livre sourd et muet, dans l'ennui profond de n'y
rien comprendre et de penser qu'il ferait si bon jouer en plein air,
au grand soleil clément qui jouit de vos ébats ! Ici pas de ce cruel
mot à mot qui lasse bien vite l'effort ; chacun parle, répète, chante
la leçon et les explications, que tous ensemble parlent, répètent et
chantent ensuite. Le livre, c'est la parole du prêtre, ses yeux gris
qui étincellent, sa grande figure ovale et maigre, sa calotte qui se
déplace nerveusement au sommet de la tête, son sourire familier
et bon quand il est satisfait, son regard qui lance des éclairs et
se tourne vers le bâton de fer appuyé au mur, quand il est mécon-

tent ; ce sont ces belles histoires bibliques racontées avec une mise en scène étonnante.

Et c'est ainsi qu'il expose tout le catéchisme.

⁎

Mais tout ce qu'il dit, il l'a préalablement écrit. Il a composé une *Histoire sainte* manuscrite qui tiendrait à peine en deux volumes, une *Vie de N. S. J.-.C.* d'après les quatre Évangiles, tout une *Théologie à l'usage des enfants*, qu'il leur fait lire. Peu d'hommes ont écrit autant que lui, bien qu'il n'ait rien imprimé. A vrai dire aucune de ses œuvres n'était *imprimable,* tant l'originalité excentrique y régnait. Elles n'en ont pas moins fait un très grand bien.

Et il continue ainsi pendant cinquante ans. Agé de 77 ans, on le verra, un jour de verglas, ôter ses chaussures au pied de la côte de peur de tomber, et marcher ainsi, presque pieds nus, préférant le risque d'une maladie à l'interruption du devoir. Nous avons parlé d' « héroïsme »; en vérité ce mot n'est-il pas justifié ?

Ses paroissiens de Chambroncourt n'ignoraient point son dévouement, qu'ils trouvaient sans doute intempestif. Car plusieurs jeunes gens se permirent un jour à son endroit une plaisanterie assez vive qui du moins lui prouva qu'il pouvait s'exposer. C'était pendant un rigoureux hiver de neige et de glace persistantes. Ils le savaient peureux. Un soir, ils construisent sur le chemin de Morionvilliers un homme de neige assez bien imité, qu'ils arment d'un gourdin. Le lendemain, avant cinq heures, arrive suivant l'ordinaire M. Humblot, son bâton à la main. Il avance rapidement, à petits pas pressés, presque courant, quand tout à coup, dans l'obscurité légèrement dissipée par les reflets de la neige, il distingue, à quelques pas, une forme humaine indécise. Il s'arrête, saisi d'un frissonnement nerveux :

— Qui vive ! dit-il.

Silence. Il répète trois fois la même sommation, avec une énergie et des tremblements croissants dans la voix. Toujours même silence.

Alors avec une décision héroïque et un accent qui cette fois ne garde plus une seule note tremblante :

— Si tu ne réponds pas, crie-t-il, je te perce de mon bâton de fer.

Et résolument, il enfile l'homme de neige.

Des rires étouffés partis d'une grange voisine lui expliquèrent le mystère. Il continua son chemin en riant lui-même de bon cœur ; et que de fois il raconta depuis, avec autant d'esprit que de bonhomie, cette singulière anecdote ! Nous l'avons rapportée parce qu'elle le peint bien, avec son caractère nerveux, timide au fond, mais incapable de reculer jamais.

Tel fut son dévouement pour Morionvilliers. Chaque dimanche il y retournait chanter les vêpres ; en Carême, il y allait de plus le soir trois fois la semaine. Si bien qu'un de ses confrères a pu dire plaisamment de lui :

— En allant à Morionvilliers, il a fait trois fois le tour du monde !

Et pour ce dur service, pendant longtemps il ne reçut que quarante francs par an.

VI

On pense bien que s'il en faisait tant pour l'annexe, il ne négligeait point la succursale. Cet homme avait la passion de l'instruction. Aussi dès son arrivée il insiste auprès des familles pour que les enfants fréquentent l'école, du 15 octobre au 15 juillet. L'enseignement était alors donné d'une manière bizarre, sans ordre, sans idée d'ensemble. Une famille achetait tel livre, la voisine tel autre ; autant d'élèves, autant de méthodes ; et le maître d'école était obligé d'instruire chaque enfant suivant l'ouvrage que celui-ci avait en main. M. Humblot amena les parents à comprendre et à adopter l'instruction simultanée, ce qui fut un progrès immense. Tous suivant la même méthode, lisant le même texte, ce fut une économie de temps considérable, et les explications portèrent mieux.

D'abord ses efforts n'aboutirent pas à faire fréquenter les classes.

Les enfants une grande partie de l'année conduisaient le bétail aux champs ; là, ils oubliaient ce qu'ils avaient appris, et apprenaient trop souvent cette science démoralisatrice qui ne s'oublie pas. Lui protestait, grondait, conjurait : on ne l'écoutait point. Alors il écrivit en 1851 au Recteur d'Académie pour lui exposer la situation scolaire à Chambroncourt et pour lui suggérer les moyens à prendre afin de remédier aux abus qu'il signalait. On louerait un berger communal et les parents n'auraient plus d'excuses. Puis, faisant une incursion sur le domaine pédagogique, il demandait qu'on plaçât dans les classes des cartes géographiques, un mobilier scolaire plus convenable, et qu'on fournît même aux enfants pauvres les livres nécessaires. Enfin il appuyait sur son idée favorite d'obliger les parents à envoyer leurs enfants à l'école au moins neuf mois de l'année.

Avec des maîtres chrétiens comme ceux d'alors l'instruction obligatoire était un bien ; aujourd'hui elle est un mal. C'est en effet un mal irrémédiable que les enfants soient contraints de subir un enseignement plein de faussetés morales ou historiques. Ne dites pas que les programmes ne comportent point ces faussetés. Rien n'est faux et dangereux comme de laisser croire aux enfants que Dieu c'est l'accessoire, la table de Pythagore le nécessaire ; qu'ils ont peut-être une âme, mais que cela n'est pas bien sûr ; et que d'ailleurs c'est une vérité très peu importante, puisqu'on n'en parle pas en classe, et qu'on peut être instruit sans la connaître. Nous n'appuyons pas sur les autres insanités qui s'y débitent trop souvent, ni sur les exemples impies dont les enfants sont témoins. Mais le programme, le voilà !

M. Humblot, d'autre part, comprenait si bien le rôle élevé du maître d'école, il appréciait tellement ses fatigues, son travail, qu'il fit une demande pour qu'on augmentât le modeste traitement des deux instituteurs de Chambroncourt et de Morionvilliers. Avant tout, il était juste, et son bon cœur ignorait l'égoïsme. Une de ses douleurs pourtant, sous le règne de Louis-Philippe, c'était la tendance irréligieuse des doctrines, qui se reflétait déjà dans l'enseignement. Aussi continuait-il à instruire et à répandre dans les âmes le plus de contre-poison possible. Il confia un jour ses peines à Mgr Parisis le priant de jeter un cri d'alarme à la face du pays, au moins parmi l'épiscopat. Le grand évêque lui répondit le 3o janvier 1843 :

« Vos douleurs sont les miennes, mon cher curé, hélas ! et celles de toute l'Église de France. Je garderai votre bonne lettre comme un témoignage de votre zèle et de votre foi, mais sans presque avoir l'espoir de m'en servir, tant les évêques eux-mêmes, les chefs de la doctrine, sont rendus impuissants en ce qui concerne l'instruction primaire. Continuez à travailler de votre mieux, surtout à l'instruction de ces pauvres enfants, et laissez dire ceux qui s'y opposent. Priez et faites prier pour que Dieu éclaire nos gouvernants sur cette grave question, et pour qu'il nous soutienne, nous qui combattons sur les hauteurs ».

*
* *

« Laissez dire ceux qui s'y opposent ». Plusieurs trouvaient sans doute que ses catéchismes si fréquents — tous les soirs à Chambroncourt — c'était bien du temps perdu. C'est une erreur étrange, même au point de vue du progrès intellectuel. L'esprit s'agrandit et s'élève au contact des vérités chrétiennes, radieuses comme le ciel, immenses comme Dieu, consolantes comme la bonté. Nous nous souvenons qu'un directeur d'école normale nous disait autrefois : « Deux de mes enfants ont fait leur première communion cette année. Je craignais que leurs études ne fussent enrayées, à cause du surcroît de travail imposé par les cours de catéchisme qu'ils ont suivis. Je suis surpris au contraire de voir leur esprit étonnamment ouvert et leurs places meilleures ». Et il attribuait ce progrès aux vérités religieuses qu'ils avaient méditées et qui leur avaient éclairé, dilaté l'intelligence. Au contact de Dieu, vous devenez Dieu, — c'est la doctrine de la grâce. — Au contact de la matière, vous devenez matière. Et que de fois il nous est arrivé depuis quelques années de déplorer que l'enseignement — même supérieur — actuel, par son matérialisme officiel ait coupé les ailes à tant de beaux talents qui voulaient monter, voler plus haut que l'affreux positivisme, et n'ait abouti qu'à former de savantes et magnifiques brutes !

*
* *

M. Humblot, nous l'avons dit, donnait l'exemple du travail intellectuel. Régulier comme un moine, il disait son bréviaire à des

heures déterminées et donnait la première place à ses exercices spirituels. Mais tout le reste de son temps était consacré au travail.
Toujours au lit à huit heures du soir, il se levait à minuit, récitait
matines et travaillait. Vers deux heures, il se remettait au lit, et quatre
heures le trouvaient debout. Au retour de Morionvilliers, il travaillait, et les journées lui paraissaient courtes. Peut-être aurait-on
pu dire de lui ce qu'écrivait Voltaire de l'abbé Trublet: « Il compilait, compilait, compilait ». Ses compilations de théologie et
d'histoire ont noirci plus de 10,000 pages in-quarto, soit la matière
d'une trentaine de volumes in-octavo. Il a rédigé tout un cours de
théologie dogmatique et morale, une quantité de petits traités sur
les passions, sur les vertus, sur la Sainte-Communion, une Vie de
la Sainte-Vierge, et presque à chaque page on rencontre de riches
citations de St Thomas et de St Augustin. Mais l'histoire était surtout sa passion favorite, et à ce point de vue sa bibliothèque était
bien meublée. Il se procura quantité d'ouvrages qui traitaient de
cette science, et composa lui-même une histoire universelle en tableaux synoptiques, compilation si l'on veut, — ses livres fatigués
prouvent qu'ils n'ont pas été ménagés, — mais compilation qui a
d'abord le mérite d'avoir été faite.

*
* *

Il faut croire qu'elle en possède un autre. Un jour M. Honoré
Arnoul, fondateur et secrétaire général de la *Société nationale
d'encouragement au bien,* qui a pour président d'honneur Mgr Guil-
bert, après le cardinal Donnet, aimait Chambroncourt, le pays natal
de son père. C'était un homme fort distingué, journaliste éminent,
qui refusa constamment toute situation politique, malgré les instances du maréchal Soult, puis de Lamartine, préférant se vouer à
l'œuvre des ouvriers et de leurs enfants. Pendant plus de dix ans,
à Limoges, sa patrie, de sept heures à dix heures du soir, il fit des
cours gratuits aux jeunes ouvriers de cette ville industrielle, et il
continua ses conférences à Paris à la mairie du 17e arrondissement
pour les ouvriers de la maison Leclaire. Cet honnête homme était
de plus un écrivain remarquable et l'un de ses livres, *Monsieur
Marcel,* dédié à la jeunesse, tiré chaque fois à cent mille exemplai-
res, est arrivé à sa 48e édition.

La plus grande curiosité de Chambroncourt, c'était le curé.
M. Honoré Arnoul le savait, et il fut tellement émerveillé de ce
qu'on lui dit de ses manières affectueuses et originales, de son
caractère hospitalier, et surtout de son travail historique, qu'il lui
fit décerner une médaille de bronze grand module.

Le *Livre des récompenses* de la Société portait en 1883 ces lignes
élogieuses :

« M. Jean Humblot, curé de Chambroncourt (Hte-Marne).

« Cinquante ans de dévouement dans la même commune, aimé
de tous pour sa charité, c'est l'ami, le conseiller, le père de la
population reconnaissante, son presbytère est l'asile de ceux qui
souffrent, du voyageur fatigué et sans ressources.

« Travailleur infatigable, il a exécuté un travail de bénédictin.
C'est le tableau synoptique et chronologique de l'histoire de tous
les peuples depuis les temps les plus reculés. »

Il ne déplait pas de voir même les lauriers officiels couronner
cette tête vénérable, blanchie par cinquante années de fatigues et
de bienfaits qui l'ont environnée aussi d'une triple auréole de vertu,
de travail et de respect.

VII

Une de ses principales œuvres fut encore l'église de Chambroncourt. L'ancienne, construite à trois époques différentes, menaçait
ruine. Il fit appel à ses paroissiens qui lui étaient dévoués, à la
commune qui ne marchanda pas ses deniers, et ils bâtirent ensemble, sans même obtenir de l'État le plus léger secours, l'église
actuelle qui est, croyons-nous, la première église gothique qui fut
élevée dans le diocèse en notre siècle, car elle date de 1844. Il
régnait entre le curé et le conseil municipal une harmonie parfaite.
Si bien que ce dernier accorda souvent depuis, à la Fabrique, des
subventions pour acheter des ornements sacrés. Les habitants
peuvent donc dire que leur église est aussi leur ouvrage.

Le clocher est peut-être un peu écrasé, mais la façade est imposante avec ses arcatures et ses deux tourelles. Visitons un instant l'intérieur. Pas de transept, mais trois nefs et cinq travées. Les colonnes octogones avec la colonnette extérieure en relief, les fenêtres avec leur ogive élancée du XVe siècle, demeurent gracieuses, mais le chœur manque de lumière. L'autel est monumental avec sa grande croix et son retable trop carré. Le travail de menuiserie, le porte-Christ et la chaire en pierre, décorée des statues de la Foi, de l'Espérance et de la Charité, sont d'un travail consciencieux. Sur les chapiteaux, on voit sculptées des feuilles de lierre, de chêne ou de laurier.

Pour l'époque, c'était non seulement beau, mais admirable. On ne savait pas encore qu'à cette ogive il faut une profusion de sculptures ; que le chœur avec ses cinq grandes fenêtres doit être plus riche que la nef, car il représente le ciel ; ni que sous prétexte de donner de la légèreté à l'édifice, on ne doit pas redouter l'épaisseur des murs. On sait tout cela maintenant, mais le temps et les ressources manquent à notre siècle enfiévré. On bâtit à la hâte des églises grêles où les grandes lignes seules sont accusées, où l'œil cherche en vain l'harmonie et la variété qui le satisfassent. La blancheur des jeunes murs vous illusionne d'abord, mais après cinquante ans elles paraissent branlantes, ridées et vieilles.

Malgré ses fautes de style et bien qu'elle soit *occidentée*, celle de Chambroncourt est d'un bel ensemble et du moins la solidité ne lui manque pas. A l'entrée, de chaque côté, tout près du mur de la nef latérale, voici, à la hauteur voulue, le pupitre sur lequel M. Humblot disposait chaque dimanche le livre de la *Vie des Saints* ouvert à la page du jour. La nef, le sanctuaire sont encore pleins de ses souvenirs. On croit l'entendre chanter de sa voix sèche et stridente ; le voir promener sur l'assemblée de ses paroissiens son regard scrutateur ou indigné qui soulignait ses malicieuses remontrances.

*
* *

Il repose maintenant, à l'ombre de son église, auprès de la magnifique croix érigée par Marie Dubois et sa nièce.

Croix monumentale qui raconte toute la Passion. En face, au

pied du Christ étendu sur le croisillon carré, le marteau et les tenailles, la lance et l'éponge entrecroisées, et ces mots *O crux Ave* ! Au côté droit, l'épée de St Pierre qui garde sur le plat l'oreille de Malchus, le coq qui chante la faute et le repentir du premier des apôtres, et la bourse de Judas avec ses deniers répandus. Sur le côté gauche, la lanterne des soldats, la main de Pilate et l'aiguière qui lui a versé l'eau, la robe sans couture du Sauveur. Enfin sur la face opposée les trois clous et l'échelle du crucifiement. Tel est le monument artistique que Marie Dubois, l'humble fille dévouée uniquement à ses frères et à ses pauvres, a légué comme une instruction permanente à la postérité chrétienne.

Souvent M. Humblot expliquait chacun de ces symboles avec l'originalité qui lui était propre, sachant que pour instruire un peu, il faut répéter beaucoup.

Que de paroles sacerdotales ont retenti sous ces voûtes ! Que de confréries il institua pour réchauffer la piété ! Avant tout, il érigea une *Congrégation paroissiale* pour les hommes et pour les femmes, qui nommait un conseil chargé d'inscrire les résolutions pratiques et de propager les idées religieuses. Il fonda ensuite le mois de Marie dès 1835, établit des exercices de piété qui furent régulièrement célébrés, et fit approuver tous les statuts par l'Évêque. Mais la Congrégation paroissiale était le foyer unique et puissant qui donnait l'impulsion à toutes les autres dévotions, envers les Saints-Anges, le Sacré-Cœur, le Saint-Esprit, la Passion, les Trépassés, les Saints Patrons et Notre-Dame de Lourdes.

Il honorait particulièrement parmi les esprits célestes, St Michel, le protecteur de l'Église, en sa fête du 29 septembre. Il établit pour les défunts les Vêpres des morts dans l'octave de la Toussaint, et toujours, avant la bénédiction, il rappelait le grand souvenir de ceux qui ne sont plus et qui demandent nos prières. Sachant que la dévotion au Sacré-Cœur et au Saint-Esprit sont fondamentales, presque âgé de 70 ans il se fit inscrire parmi les prêtres du Sacré-Cœur, voulant consacrer à l'amour de J.-C. le reste de ses forces, flamme vigoureuse encore mais déjà vacillante. Les dix jours qui s'écoulaient entre l'Ascension et la Pentecôte, lui étaient particulièrement chers. Il faisait pour lui-même une sérieuse retraite et chaque soir il prêchait sur le Saint-Esprit. C'est le Saint-Espr qui anime, dirige, sanctifie et féconde l'Église ; on peut dire que cette dévotion trop négligée est le cachet spécial des âmes vraiment catholiques.

Les récits de Notre-Dame de Lourdes faisaient ses délices. Il fit copier aux enfants les pages où Henri Lasserre raconte si bien les diverses apparitions de la Sainte-Vierge, afin qu'on pût les lire dans les familles. Il procurait aux malades de cette eau sanctifiée par la présence et par le regard de Marie, et deux personnes obtinrent leur guérison. Cela fut remarqué, et le bon curé sentit grandir encore sa dévotion filiale envers la Sainte-Vierge dont il exalta avec plus d'enthousiasme que jamais l'incomparable bonté.

*
* *

Quand la foi paraissait s'assoupir, pour la réveiller et mettre plus à l'aise les consciences, il faisait donner une mission. En 1835, M. Richardot ; en 1842 et en 1846, M. Chardenet ; en 1862 surtout, les PP. Claudel et Nicolas, prêchèrent avec grand succès. Cette dernière retraite fit époque. On y accourait de tous les pays voisins. M. Leblanc, curé de Cerizières vint trois fois depuis et sa parole ardente fit grande impression. Maintes fois M. Humblot avait prié M. Renaut, l'infatigable et regretté curé de Blécourt, de visiter sa paroisse et de la remuer aux accents de son éloquence puissamment apostolique. Celui-ci malgré ses facultés étonnantes pour se multiplier ne put acquiescer à ce désir, mais après la mort de M. Humblot il vint, pris d'un heureux remords et par choix, apporter sur la tombe du vénérable pasteur le tribut de sa bonne volonté et en faire sortir des leçons de foi qui n'ont pas été oubliées.

A chaque missionnaire qui venait à Chambroncourt il disait :

— N'avez-vous pas vu l'*épitaphe* qui flotte sur notre clocher : *Chambroncourt l'avare ?* Délogez-moi ça.

Durant sa longue carrière, il s'attaqua principalement à la vanité des femmes et à l'avarice. « Sur l'avarice, disait-il, j'ai un discours en soixante-dix points ». Et il se plaignait que nul missionnaire n'eût pu abattre la fameuse *épitaphe.* Quand Mgr Guérin vint visiter sa paroisse, l'obstiné pasteur renouvela ses plaintes et ses recommandations. L'évêque prêcha de son mieux l'avarice.

— Mais il n'a pas délogé tout de même l'*épitaphe*, ajoutait-il mélancoliquement. Seulement il l'a bien ébranlée, et s'il avait secoué un peu plus fort, elle était *dans le cas* de tomber.

Lui-même secouait vigoureusement chaque dimanche, n'épargnant pas plus sa parole que ses pas, prêchant plusieurs fois et longtemps, parlant avec une telle force que parfois on l'entendait à plusieurs centaines de mètres. C'était bien la réalisation du mot de l'Évangile : « *Hæc dicens clamabat* ». Il criait la vérité à la faire entendre aux sourds, et avec une conviction telle que malgré ses originalités, parfois ses violences en sortant chacun disait : « Il a dit la vérité, il a raison ».

Il s'inspirait surtout de la Sainte-Écriture, et peut-être avait-il trop lu le P. Lejeune. Pour lui tous les avares c'étaient des Caïns, les voleurs de terre, des Naboths ; les scandaleux, des Jéroboams ; les femmes sages et vertueuses, des Saras, des Rachels et des Abigaïls, les filles vaniteuses, des Jézabels ; les filles modestes et pieuses, des Esthers.

Pour le débit il ne recherchait ni la belle diction, ni la correction. Si les mots acceptés ne traduisaient pas ou ne marquaient pas sa pensée, il en inventait : « Avant tout, il faut se faire comprendre, croyait-il, puis graver les vérités ». Tout lui parlait dans la nature, et tout lui parlait de sa paroisse surtout, qu'il portait sans cesse dans sa pensée et dans son cœur. En revenant de Morionvillers s'il rencontrait une alouette, une caille, une fauvette, leur vol, leur cri, leur chant, lui inspiraient un sermon. Il savait leur donner l'interprétation la plus pratique et la plus saisissante.

*
* *

Dans son enseignement il s'efforçait d'être romain. La marque, la perfection qu'il aimait surtout dans l'Église, c'était l'Unité. Unité de foi, unité de chef, unité de liturgie, unité même pour le chant ecclésiastique. Il chantait assez mal, d'une voix forte et rapide, — comme il marchait, — mais il possédait son chant et chantait juste. Il établit aux principales fêtes l'usage des Matines, comme dans les couvents, et cet usage subsiste. Cependant placé aux confins de deux diocèses étrangers il souffrait des bigarrures et de la variété des mélodies, — qui toutes se prétendent grégoriennes, —

pour le plain-chant des offices. Il s'en plaignait souvent à son évêque. Un jour même il offrit cent francs de ses deniers afin d'ouvrir une souscription qui servît à résoudre cette question, aujourd'hui encore en suspens : « Je ne voudrais pas mourir, disait-il, avant d'avoir vu cette unité. »

L'unité de liturgie est heureusement établie maintenant. Mais il n'en allait pas de même quand il était jeune prêtre. Le bréviaire langrois continuait à prévaloir dans le clergé, et seuls les prêtres qui comme lui marchaient de l'avant dans la direction de Rome récitaient le bréviaire romain. Cela passait même pour hardi, car M. Barrillot demeurait le ferme tenant des traditions langroises. On ne saurait lui en faire un crime si l'on se rappelle quelle prépondérance exercent sur notre esprit les milieux et les préjugés d'éducation. Un jour le digne Supérieur des Séminaires aborde le jeune vicaire d'Hortes, et suivant son habitude, le prie de réciter avec lui son office. L'abbé Humblot se doutant d'avance de la proposition l'avait récité seul.

— Cependant, dit-il, pour ne point vous désobliger, je le recommencerai volontiers avec vous.

— Oh ! non ! je ne voudrais pas vous imposer cette charge. Mais, notre bon ami, avez-vous fait mémoire de St Berchaire ?

— St Berchaire ? Je ne connais pas St Berchaire. Il ne se trouve point au calendrier romain.

— Comment ! reprit M. Barrillot qui d'ailleurs avait habilement ménagé le piège, vous n'avez donc pas notre bréviaire langrois ?

— Il est mort-né votre bréviaire langrois, M. le Supérieur. *Breviarium romanum, breviarium Urbis et orbis.* Et puis ne croyez-vous pas qu'il vaut mieux s'éclairer du soleil que de la lune ?

*
* *

Avec quelle énergie il reprenait les défauts, flagellait les abus, censurait les vices dans sa paroisse ? Les coutumes nouvelles, les modes excentriques du siècle trouvaient en lui un adversaire déterminé. Rien de curieux alors, de pittoresque et de cinglant comme les sorties qu'il se permettait. Une fois, avant la messe, il aperçoit en jetant de l'eau bénite deux jeunes filles dont les chapeaux garnis de hautes plumes gardaient une lointaine ressemblance avec les antiques bonnets à poil. Il s'arrête, les considère longuement et leur dit :

— De quel régiment êtes-vous, mesdemoiselles ?

Une autre fois, il faisait un baptême. La marraine était superbement attifée et toute rutilante avec son chapeau orné de larges rubans criards. Évidemment elle était satisfaite de sa personne. Il contenait avec peine son courroux, car c'était peut-être une enfant qu'il avait élevée. Au moment venu, il lui adressa les paroles du rituel :

— Renoncez-vous à Satan ? A ses pompes ?

— Oui, répondit à mi-voix la jeune fille rougissante, j'y renonce.

— Cela n'est pas vrai ! Tu les portes sur ta tête !

Dans une autre circonstance, estimant sans doute qu'il perdrait son temps à sermonner la marraine, quand il imposa le chrémeau à la petite fille qu'il venait de baptiser il lui adressa une gentille allocution qu'il termina par ces mots :

— « Tiens, mon enfant, porte toujours des bonnets simples comme celui-ci, et ne mets pas, comme ta marraine le fait, des plumets de soldat après ta coiffe.

*
* *

Mais nous ne pouvons nous défendre, quoi qu'on en puisse penser, de citer quelques extraits de ses curieuses allocutions à ses paroissiens de Chambroncourt. On nous reprocherait davantage encore d'avoir omis ce chapitre. Peut-être y trouvera-t-on çà et là quelques trivialités ; souvent elles étaient voulues, et par ces trivialités même qui sont le langage du peuple, il gravait mieux les vérités dans les âmes. Surtout rien du genre académique. Mais on y verra tant de finesse parfois, de talent d'observation, de sel gaulois du meilleur aloi, que nous nous croyons pardonné d'avance.

VIII

Un témoin fidèle nous transmet le sermon suivant qu'il a entendu de ses oreilles.

*
* *

Un dimanche, après l'Évangile M. Humblot avisa un petit garçon.

— *Petiot*, lui dit-il, donne -moi *voir* ton paroissien.

« Je m'en vais, mes frères, vous donner un petit commentaire de l'épitre d'aujourd'hui. Écoutez-moi bien, je ne serai pas long. *Obsecro vos, ego vinctus in Domino, ut digne ambuletis vocatione quâ vocati estis.*

« Moi *Paul enchaîné.* Ç'a été le sort des apôtres, ce sera dans tous les temps le sort de leurs successeurs, et par conséquent de Messieurs les curés, de souffrir la persécution. Moi, curé de Chambroncourt, j'en sais quelque chose déjà. En 48, — ah ! je m'en souviendrai longtemps ! — j'ai passé des semaines bien orageuses.....

« *In Domino.* Moi enchaîné pour le Seigneur ». C'est parce que St Paul était apôtre de J.-C. qu'il avait été jeté en prison. C'est parce que je suis curé, moi, qu'on m'a persécuté et qu'on me persécutera peut-être encore. Si je n'étais pas curé, c'est-à-dire ministre de J.-C., je vous demande un peu qui est-ce qui penserait à moi ? Y a-t-il dans ma personne quelque chose qui puisse exciter l'envie et la jalousie des autres ? Je ne suis ni le plus grand, ni le plus beau d'entre vous. Mais, encore une fois, je suis curé, et voilà tout le secret des haines et des vexations dont nous sommes l'objet, Messieurs les curés mes confrères, et moi.

« *Obsecro vos ut digne ambuletis vocatione quâ vocati estis.* Marchez, je vous en conjure, dans la vocation à laquelle Dieu vous a appelés ». Chacun d'entre vous, mes frères, a sa vocation. Il y en a qui sont *maréchals-ferrants*. Eh bien ! qu'est-ce qu'on dirait d'un maréchal s'il ne maréchalait pas ? Il y en a qui sont bûcherons. Eh bien ! qu'est-ce qu'on dirait d'un bûcheron s'il ne bûcheronnait pas ? Il y en a qui sont cordonniers. Eh bien ! qu'est-ce qu'on dirait d'un cordonnier s'il ne faisait pas de souliers ?

« Mais s'il est dans le monde civil des vocations diverses, dans le monde religieux auquel nous appartenons par l'âme, il y en a une qui nous est commune à tous. Laquelle ? me demanderez-vous ? Je vous réponds: Puisque J.-C. est notre chef et notre Maître, nous devons être tous des *Jésuites*.

« *Cum omni humilitate et mansuetudine, cum patientiâ supportantes invicem in caritate.* Pourquoi faut-il nous supporter ainsi avec humilité, mansuétude, patience et charité ! — Tu ne pourrais pas me le dire, toi qui dors là bas, hein ? — Nous devons nous supporter dans ces dispositions parce que tous nous avons des défauts. Voyons ? Que celui qui n'a pas de défauts se lève ! »

Silence profond dans l'assemblée. M. le curé de Chambroncourt regarde de tout côté et affecte de se hausser sur la pointe du pied pour voir si quelqu'un va se lever.

— « Personne ne se lève ? Personne ? Personne ? Eh bien vous avez tous des défauts ; donc il faut nous supporter tous. Ce n'est pas moi qui vous le dis, c'est encore le même apôtre St Paul, non plus dans cet Épître aux Éphésiens dont je viens de vous expliquer deux versets, mais dans l'Épître aux Galates: *Alter alterius onera portate.* Ainsi soit-il ! »

— Il paraît qu'à Chambroncourt les noces se célébraient parfois, comme presque partout d'ailleurs, — avec une somptuosité hors de proportion avec les revenus. C'était là un abus que devait relever le pasteur. Un jour d'Épiphanie il bâtit la fiction suivante très énergique et très fine sur l'antienne des Vêpres :

« *Tribus miraculis ornatum diem sanctum colimus.*

« Aujourd'hui, mes frères, nous célébrons non pas seulement une fête, mais trois fêtes : La fête de l'Épiphanie ; la fête du Baptême de N.-S. J.-C., et la mémoire du jour où J.-C. ayant été invité aux noces de Cana changea l'eau en vin.

« Ce souvenir des noces de Cana m'a inspiré l'idée de signaler un abus déplorable que je trouve dans ma paroisse : l'abus des grosses noces.

« Que de dépenses on fait les jours de mariage ? Est-ce qu'il ne vaudrait pas mieux payer ses dettes ? Mais non, on invite un tas de cousins et de cousines, ça n'en finit plus. Invitez donc seulement vos parrains et marraines, puis les quatre témoins. Avec les gens de votre maison, pères, mères, frères et sœurs, vous serez assez, et déjà de trop.

*
* *

« Quand un mariage est conclu, les futurs s'en vont à Joinville, à Neufchâteau ou bien à Chaumont. Ils se présentent chez le marchand d'étoffes d'abord ;

— « Bonjour, monsieur le marchand, nous venons vous dire que nous allons nous marier et qu'il nous faut des habits de noces.

« Le marchand alors étale ses divers échantillons.

— « Vous n'avez pas mieux que cela ! observe *Mademoiselle la fiancée*.

— « Pardon, répond le marchand, seulement c'est beaucoup plus cher.

— « Ça ne fait rien, montrez toujours.

« On achète donc des vêtements pour des centaines de francs, et on prend tout ce qu'il y a de plus riche au magasin. Le marché fait :

— Mais pourrez-vous me payer, demande le marchand.

— « Nous n'avons pas d'argent aujourd'hui, dit-on ; il y a tant de dépenses à supporter à l'occasion d'un mariage ! Vous nous attendrez bien un peu :

— « *Crédit est mort* ! réplique le marchand. Mais, Mademoiselle, est-ce que vous n'étiez pas belle le jour de Pâques ?

— « Oui, Monsieur, j'étais belle.....

— « Comment étiez-vous donc mise ce jour-là ?

— « J'avais une jolie robe en cachemire bleu.

— « Eh bien ! croyez-moi, si vous ne pouvez pas acheter une robe de soie aujourd'hui, habillez-vous le jour de vos noces comme vous étiez habillée le jour de Pâques. Pâques, après tout, c'est une solennité qui passe toutes les autres, et par conséquent celle de votre mariage.

« On ne manque pas de repasser par Poissons en s'en revenant de Joinville. On entre chez le vigneron :

— « Bonjour, Monsieur le vigneron. Nous venons vous dire que nous allons nous marier, et que nous avons besoin de vin.

*
* *

« On ne se gêne pas, on demande un *tonneau*. Après avoir choisi ce qu'il y a de meilleur et de plus cher dans la cave du vigneron, comme les autres, celui-ci demande :

— Mais pourrez-vous me payer ?

— « Nous vous paierons un peu plus tard, dit-on. Après avoir été aux habits de noces et à la viande, nous n'avons plus le sou pour le moment.

— « *Crédit est mort* ! crie plus fort encore le vigneron. D'où êtes-vous donc, jeunes gens, comme ça ?

— « Nous sommes de Chambroncourt.

— « De Chambroncourt ? Mais si je ne me trompe, c'est un pays de bois. Eh bien ! si vous n'avez pas le moyen de boire du vin le jour de vos noces, allez dans vos forêts, vous y trouverez des pommottes, des poirottes, des pochottes, (fruits de l'aubépine), et des penellottes, (prunelles), faites-moi avec tout ça une bonne piquette que vous donnerez à vos invités. Pour moi je vous le déclare, si je n'avais pas le moyen de boire du vin, je boirais de la piquette !

« Et moi aussi, mes frères, je ferais comme dit le vigneron de Poissons, je boirais de la piquette ! — Des économies donc ! des économies ! Faites-en pour payer vos dettes. Et puisque j'ai parlé de vêtements tout à l'heure, je vous le dirai encore : N'achetez pas toujours du neuf. *Rapiécetez* vos habits, moi je *rapiécette* les miens, je fais durer longtemps mes soutanes, et, comme vous avez pu le remarquer, je n'en porte pas souvent des neuves.

*
* *

« On s'en va enfin chez le boucher d'Épizon.

— « Bonjour, Monsieur le boucher, nous venons vous dire

que nous allons nous marier et qu'il nous faut de la viande.

« On ne se gêne pas, on demande un bœuf.

— « Un bœuf soit, répond le boucher, vous l'aurez. Mais pour quel jour, s'il vous plaît ?

— « Pour tel jour.

— « Très bien, vous pouvez compter sur moi. Mais pourrez-vous me payer ?

— « Nous devons vous dire, Monsieur le boucher, que nous ne pourrons pas vous payer tout de suite. Vous le savez, quand on se marie on n'a pas à acheter que de la viande, il faut bien d'autres choses encore. Vous nous ferez bien crédit.

— « *Crédit est mort* ! Moi j'aurai payé mon bœuf, vous me paierez comptant aussi, ou bien allez ailleurs. Mais dites-moi, est-ce que vous n'avez pas un cochon à tuer ?

— « Oui, Monsieur.

— « Eh bien ! Si vous n'avez pas le moyen de faire votre noce avec de la viande de boucherie, tuez votre cochon !

« Oui, mes frères, le boucher a raison, tuez votre cochon, quand, à l'occasion d'une noce, vous ne pouvez acheter de la viande. Et si vous n'invitez que les personnes que j'ai dit tout-à-l'heure, vous aurez assez des quatre jambons de la bête. »

*
* *

Tout cela était bien la pure vérité. — Elles duraient longtemps ses soutanes auxquelles les années donnaient à la fin des couleurs diverses, toutes douteuses. Le souci de la toilette ne tenait pas grand place dans sa vie. Il se coupait lui-même les cheveux, non sans laisser des traces visibles de ses maladresses, et jamais on ne vit de glaces dans son ancienne cure. Il en mit dans sa nouvelle, mais il maugréait contre ceux qui les lui avaient fait acheter comme ornement de cheminée. Le mobilier pauvre et usé rappelait plus encore le cénobite que le curé de campagne.

*
* *

Mais revenons à ses instructions du dimanche. Notre récit figé ne saurait donner une idée de sa manière chaude et bizarre. Il fallait l'entendre avec les inflexions, variées suivant les rôles, de sa puissante voix jaune, dont l'expression se faisait parfois si mordante !

Voulez-vous maintenant avoir une édition toute neuve de l'histoire d'Esther ? Ecoutez :

« Je parle souvent contre la vanité. N'en soyez pas étonné. C'est un vice contre lequel on ne peut trop s'élever, sans compter qu'on ne gagne pas grand'chose à l'attaquer. Il faut pourtant que je revienne encore sur ce sujet aujourd'hui. Ne le voyez-vous pas aussi bien que moi ? Bientôt les filles de Chambroncourt ne sauront plus comment se mettre. C'est chaque dimanche une mode nouvelle qui apparaît. Pauvres filles ! Elles croient attirer les garçons dans ces toiles d'araignée ! Elles se trompent beaucoup ; la simplicité est encore pour une jeune personne la meilleure recommandation aux yeux du monde lui-même, tout corrompu qu'il est.

« Je m'en vais vous le montrer en vous racontant l'histoire d'Esther. Écoutez-la bien, vous surtout les vaniteuses, les orgueilleuses, et les danseuses de Chambroncourt.

*
* *

« Assuérus, un grand roi de Perse, avait répudié Vasthi, sa femme, parce qu'elle avait fait un jour la mauvaise tête. Elle se permettait de bouder son mari : Ce n'est pas beau pour une femme de vouloir être la maîtresse. Il fit donc *tambouriner* dans ses États que la place de reine était vacante, que les filles les plus belles de toutes ses provinces pouvaient se présenter à Suse, sa capitale, et que celle qui plairait davantage au monarque remplacerait la *boudeuse* et l'*entêtée* Vasthi. Mardochée, qui *lisait les journaux*, ayant su par eux la nouvelle, s'en va trouver Esther et lui dit :

— Tu n'es pas sans savoir, ma nièce, qu'Assuérus cherche une reine. Ce sera la plus belle fille de tout son royaume. Eh bien ! tu peux te présenter et je te conseille de le faire.

« Moi ! mon oncle, me présenter ! Y songez-vous ? Mais je ne suis qu'un *chiffon*, un *torchon* et un *guenillon* !

— « Heureux de t'entendre, ma nièce, je n'attendais rien de moins de ton humilité. Mais crois-moi, tu peux concourir, et avec de grandes chances.

— Allons mon oncle, je vous obéirai et puisque vous m'engagez à me présenter, je me présenterai. Mais j'en suis persuadée, rien en moi n'est capable d'attirer le moindre regard du roi.

« Esther fut donc amenée parmi les autres filles déjà arrivées au palais. Ces dernières pendant une année entière ne s'étaient occupées que de se parfumer, se *bichonner*, se friser les cheveux. Que de pommade elles usèrent ! Combien de fois elles se regardèrent au miroir. Et il faut dire qu'on leur donnait tous les ornements qu'elles avaient désirés. Seule, Esther n'avait pas demandé de parure. Aussi grand fut l'étonnement des autres *demoiselles*, quand elles l'aperçurent pour la première fois : « Tiens ! se disaient-elles, que vient donc faire ici ce *torchon*, ce *chiffon*, et ce *guenillon* ? Elle en a du toupet, celle-là !

« Le jour venu, les jeunes vierges sont introduites auprès d'Assuérus qui les *passe toutes en revue*. Et voilà, chose surprenante ! que ses yeux s'arrêtent sur... sur... Esther ! Oui, Esther ! — Les filles m'ont-elles toutes entendu ? — Sur Esther, le *chiffon*, le *torchon* et le *guenillon* : « Esther, lui dit-il, approchez » ! Et il lui dépose sur la tête le diadème royal, et il la fait reine à la place de Vasthi.

« S'adressant ensuite aux autres filles : « *Mesdemoiselles*, leur dit-il, je vous ordonne de présenter vos hommages à ma nouvelle épouse. Chacune d'entre vous va lui dire : « Esther je vous reconnais comme ma reine et ma souveraine, recevez en cette qualité mes devoirs. » Elles s'en vinrent donc se jeter aux genoux de celle qu'elles avaient méprisée ; se prosternèrent devant elle, reconnaissant, mais un peu tard, que l'humilité et la modestie sont le plus bel ornement d'une fille. Qu'elles devaient être honteuses ! Mais il fallut obéir ; l'ordre du roi était formel, et Assuérus ne badinait pas.

« Maintenant, filles de Chambroncourt, avez-vous compris la leçon ? Serez-vous enfin persuadées que le moyen de plaire aux garçons, ce n'est pas toujours de leur montrer un chapeau-paillasse ou de porter derrière votre tête une queue de cheval ! Ah ! les garçons ne sont pas aussi bêtes que vous pourriez le croire, et je vous le répète, vos atours ne sont que des toiles d'araignée où ils ne viendront pas s'empêtrer.

« Imitez Esther, soyez comme elle amie de la simplicité, et on vous estimera et on vous recherchera. »

*
* *

Ici la note est peut-être çà et là un peu forcée. Mais pour le reste, que de naturel ! Au surplus il ne faut pas oublier qu'il se préoccupait surtout de saisir son auditoire, et qu'il n'entendait nullement faire œuvre littéraire.

Mon Dieu ! j'ai lu dans la *Prædicatoriana* de Gabriel Peignot, bien des mots fort vantés, du petit Père André par exemple — le plus fin des prêcheurs de son temps, — des mots qui ne valaient pas ceux-ci. Les sermons de M. le curé de Chambroncourt peuvent-être considérés et avec raison comme une des plus curieuses et des plus saines efflorescences du véritable esprit gaulois.

*
* *

Un dernier trait pour finir. Un jour M. le curé de Chambroncourt monte en chaire et s'écrie tout à coup, en guise d'exorde : « Vive les alouettes ! A bas les taupes ! » Et il poursuit à peu près en ces termes :

« Quelle différence, mes frères, entre les alouettes et les taupes ! L'alouette n'est pas toujours sur la terre : elle s'élève de temps en temps vers le ciel, et en s'élevant elle ne manque jamais de chanter à sa façon les louanges de Dieu. Avez-vous remarqué comme elle monte tout droit en haut ? Elle est une belle image du vrai chrétien qui comprend l'invitation si souvent faite par l'Église : « *Sursum corda* ! En haut les cœurs ! » Le vrai chrétien n'est donc pas lui-même toujours sur la terre : je veux dire qu'il sait fréquemment élever à Dieu et son esprit et son cœur ; il sait lui offrir avec les intentions les plus droites, ses pensées, ses paroles, ses actions. Soyez donc tous des alouettes. Sachez comme l'alouette vous élever habituellement au-dessus des pensées, des affections, des préoccupations terrestres. Soyez des alouettes, les dimanches surtout, en venant chanter ici les louanges du bon Dieu.

« Mais la taupe, quelle vilaine et quelle horrible bête ! Toujours dans la terre ! Sortez-la de son trou, elle meurt, dit-on. C'est la figure de l'avare qui ne pense qu'à ses champs, à ses prés, à ses bœufs, à ses chevaux, à ses écus, qu'à la terre en un mot. Qu'on le sorte, lui aussi, de son trou, de son terrier, on est sûr de le faire mourir, car il ne se trouve plus dans son élément.

« Que de taupes à Chambroncourt! Oui, taupes hommes, taupes femmes, taupes filles. voilà pourtant ce que je serais obligé de dire d'un grand nombre d'entre vous, si l'on me demandait ce que vous êtes! »

Voilà certes, de petits sermons où l'on ne devait guère dormir !

IX

Il essaya d'instruire des enfants et de les élever pour le sanctuaire. Le maître était-il trop exigeant ou les éléments trop défectueux, Dieu le sait ; mais ses efforts ne furent pas toujours couronnés de succès et il en éprouva une peine sensible. Car cet homme, à la parole si nerveuse qu'elle pouvait paraître emportée, aimait beaucoup et sentait vivement. Il portait son cœur sur sa main, sur ses lèvres, et ce cœur renfermait des trésors d'affection. Une de ses filles spirituelles pourtant devint religieuse de la Providence. Voici en quels termes il lui écrivait quelques mois seulement après qu'elle eut quitté Chambroncourt, le 22 novembre 1856 :

« Dans votre lettre reçue aujourd'hui dimanche, vous me dites que vous vous plaisez bien à la Providence. Je vous ai dit que vous y verseriez des larmes de joie. S'y plaire est déjà une marque de vocation, et n'y resteriez-vous que quelques mois, ce serait encore une grâce inestimable dont vous ne sauriez assez remercier Dieu. Vous craignez de ne pas réussir : c'est une crainte inutile et même dangereuse. Occupez-vous du moment présent, travaillant tout doucement, par beaucoup d'efforts, pour une science sérieuse du calcul, de la grammaire etc. Surtout apportez tous vos efforts pour acquérir la science de Dieu, vous rappelant la parole de l'Évangile: « Ne vous inquiétez pas de la parole ni du vêtement. Cherchez d'abord le royaume de Dieu. » —Vous voilà, par la grâce de Dieu, délivrée de la servitude d'Égypte de votre famille pour aller à la Terre promise. Afin d'y parvenir, il faut passer par le désert. Vous avez eu, me dites-vous, des peines dans l'exil. C'est bien là pour vous le désert. Conduisez-vous y comme une bonne Israélite.

« Obéissez à votre bonne Supérieure, à cœur ouvert, lui communiquant vos peines, de temps en temps m'écrivant à moi-même, comme une bonne enfant à son bon père, vous souvenant que je vous ai toujours servi de père et de mère comme un oncle Mardochée. Vous êtes aujourd'hui une Esther, ayant été préférée à toutes vos compagnes pour être comme sur un trône l'Épouse de J.-C., pour être heureuse dans cette maison, au milieu des peines et des contradictions, afin de rendre service à votre prochain.

« En tardant trop à écrire vous avez vraiment contristé plusieurs de vos compagnes ; leur amitié pour vous en a ressenti une grande peine ; je suis leur interprète par notre mutuelle correspondance de lettres ; je vous remercie de votre bon souvenir à leur égard. Elles vous souhaitent réussite en toutes manières. Elles se sont beaucoup préoccupées de vous et je vois par votre lettre que vous avez aussi pensé à elles. Pensez-y toujours devant Dieu, et comme Moyse du haut de la montagne, priez pour qu'elles remportent la victoire. Vous n'oubliez pas, je le pense bien, celui dont Dieu s'est servi pour votre première éducation, celui qui prie Dieu de bénir vos études et vos efforts et qui lui-même vous donne avec joie sa bénédiction. »

Voilà ce qu'était cet homme, tendre et constant dans ses affections, entraîné parfois par la vivacité de sa pensée et de son tempérament à des reparties pétillantes et exagérées, mais exemptes de fiel et revêtues d'une originalité qui ne blessait point.

Aussi comme il aimait à recevoir ses confrères, quel accueil il leur réservait, quelles agapes charmantes de gaîté et édifiantes par la conversation ! Car il ne se plaisait qu'aux sujets dont le fonds était sérieux ; mais sur cette trame austère il excellait à jeter comme des perles ses réflexions étonnantes, ses aperçus neufs et inattendus ; tout cela dit avec une bonhomie, une finesse sans recherche, dont l'effet d'hilarité était irrésistible. Comme les vieillards qui ont eu le bonheur de ne point s'aigrir parmi les longues perfidies de la vie, et qui, sachant leur journée faite, regardent de plus haut les choses du monde, il croyait en l'avenir, et il aimait les *jeunes* qui sont les instruments de l'avenir. Il les attirait, leur répétant à plaisir : « *Cerclons*, mes amis, *cerclons*, dès le grand séminaire, dès le petit séminaire même. Ainsi vous serez plus unis quand vous serez prêtres. »

Et les *jeunes* se laissaient volontiers attirer, particulièrement les séminaristes en vacances. C'était pour eux une vraie fête d'aller chez lui : « Comme il savait nous mettre à l'aise à sa table, nous écrit l'un d'eux : « Allons, *nom d'un tonneau* — c'était son mot favori, — tu prendras bien cela, toi ». Et il servait copieusement, égayant ses convives par toutes sortes d'histoires, de questions et de réflexions assaisonnées du vrai sel gaulois. Comme on riait ! comme on s'amusait ! Et l'on s'en allait en se disant : « Nous reviendrons bientôt à Chambroncourt ! ».

Son hospitalité était toute patriarcale :

— Une fois pour toutes, dit-il à sa servante au début, j'entends que vous mettiez toujours quatre couverts de plus pour les confrères qui pourraient survenir.

Aussi les visites affluaient, visites nombreuses, mais non ruineuses, car les survenants partageaient tout simplement son modeste ordinaire, augmenté de la petite réserve du dimanche, ou s'il le fallait, de la réserve de la basse-cour. Quelques-uns de ses paroissiens se scandalisèrent un jour de ces fréquentes réceptions. Le dimanche suivant il leur prouva par la Sainte-Écriture que les choses devaient se faire ainsi :

« Un jour, dit-il, Abraham reçoit la visite de trois anges. Que fait-il alors, car le voilà pris à l'improviste. Peut-être n'y a-t-il plus de viande chez *le boucher*. Il s'en va tout de suite à l'étable et tue un veau pour régaler ses visiteurs. — Mais n'avez-vous pas lu que les prêtres sont les anges de la terre ? »

*
* *

Quand on rebâtit son presbytère en 1872, il voulut que l'on ménageât au premier étage une salle d'une longueur démesurée :

— Au moins, disait-il, tous les prêtres qui viendront prier pour moi à mon enterrement pourront y tenir.

Un jour, déjà vieillissant, il voulut réunir à sa table tous ses amis :

— « Nous renouvellerons le congrès de Modine, dit-il à ses confrères. Judas Macchabée rassembla dans cette ville tous ses frères, tous les représentants des tribus juives, et là il les encouragea à soutenir vaillamment la guerre pour la liberté de leur patrie. Nous sommes à la veille d'évènements terribles, et à la veille de combats plus terribles encore, ceux que va nous livrer la Franc-maçonnerie. Serrons nos rangs et battons-nous bien.

À cette réunion — qui fut appelée le congrès de Modine, — quatre diocèses et douze cantons étaient représentés. On voit combien il s'était fait aimer. Dès lors, ce ne fut plus seulement de l'affection, mais de la vénération qu'inspira cet homme dont le front commençait à rayonner du reflet apaisé de la calme et attractive bonté.

*
* *

Depuis la mort de son père, il allait rarement voir sa famille : « Une fois tous les quatorze ans, répondait-il aux instances de ses parents, c'est assez. Quand j'y vais, je passe à Langres acheter des livres de piété, des paroissiens pour les donner à mes parents. Je m'arrête à Chaudenay, à Chézeaux, à Rançonnières, à Coiffy. Chacun de mes neveux voudrait me faire rester chez lui : — « Je ne puis pas, il faut que j'aille chez les autres. » — Alors on me dit : — « Mais, mon oncle, ce n'était pas la peine de venir pour si peu de temps. » — Et tous me disent la même chose. Alors si ce n'était pas la peine de venir, je n'y vais pas. Venez plutôt me voir, je vous verrai plus longtemps. »

Il faisait le chemin — plus de dix-huit lieues, — à pied. Ses jambes étaient restées excellentes et il professait une sainte horreur pour les chemins de fer. Or chez lui les manies étaient aussi sacrées que les meilleures habitudes. Aussi bien avait-il concentré toutes ses pensées, ses affections, ses sollicitudes, toute sa vie sur Chambroncourt. Il disait un jour à ce propos à Mgr Guérin avec son originalité ordinaire :

— Il n'y a que Chambroncourt pour moi et moi pour Chambroncourt. Je suis fait pour Chambroncourt !

Pourtant il vieillissait. Il gravissait d'un pas moins alerte la côte de Morionvilliers, parfois il oubliait l'heure. Une nuit, l'horloge

communale étant arrêtée et la sienne en réparation, il se réveille
tout en fièvre, se croyant en retard, s'habille rapidement, et part,
à son ordinaire. Mais c'est en vain qu'il promène à plaisir son bâton
ferré dans les rues, personne ne vient. Il allume son feu, il était
trois heures du matin. Ennuyé il s'endort profondément. Ce jour-
là les enfants ne vinrent pas, car ils n'entendirent point à cinq
heures tinter l'*Angelus*, signal du catéchisme. Le bon curé, qui le
sonnait toujours ne se réveilla qu'à huit heures, et n'ayant pu même
trouver un enfant pour lui servir la messe, il s'en retourna tout
triste à Chambroncourt. Il se sentait déjà moins vigoureux, mais il
n'en poursuivait pas moins ses chers catéchismes, sur un ton plus
paternel encore, plus familier. Les enfants se pressaient plus près
de lui, parfois lui prenaient sa tabatière, redoutant moins le bâton
ferré qui dormait dans son coin. Le visage de M. Humblot s'amin-
cissait, et le front agrandi lui donnait une ressemblance réelle avec
la grave figure de Léon XIII.

X

Il n'était pas moins aimé de ses confrères des Vosges que de ses
confrères du diocèse de Langres. Mgr Caverot l'estimait, et cor-
respondait avec lui, il éprouvait même pour lui un sentiment plus
tendre qui allait jusqu'à l'amitié. Ils étaient du même âge, nés le
même jour, mais de taille bien différente. Si Mgr Caverot brillait
par sa prestance, par sa stature de géant qui faisait dire à Pie IX :
« C'est un *évêque et demi* », on doit avouer que la nature avait été
bien ingrate pour Jean Humblot, à qui elle n'avait octroyé que de
chétives apparences. L'évêque de St-Dié ne laissait échapper
aucune occasion de l'en railler, et le curé lui répondait bonnement :
— « Ah ! Monseigneur, si mon frère avait vécu et qu'on l'eût
placé au-dessus de ma tête, je serais plus grand que vous ! »
On comprend si l'on riait. Aussi était-il mandé par l'évêque dans
toutes les tournées de confirmation prochaines de Chambroncourt.
Les prêtres des Vosges, nés malins, ne manquaient pas de lui

confier le vase du Saint-Chrême, afin qu'il suivît le prélat qui confir-
mait les enfants, agenouillés à la table de Communion. Il s'exécu-
tait de bonne grâce, levant très haut l'ampoule d'or : « C'est bien,
mon bon monsieur le curé, lui dit un jour Mgr Caverot, ne vous
fatiguez pas, je me baisserai. »

****

Mgr de Briey lui portait la même affection que partageait d'ailleurs son vénérable entourage. Cela servit à M. le curé de Chambroncourt dans une occasion mémorable et au fond amusante.

Tout le monde connaît le curieux incident de sa lettre à
Mgr Bouange. Après vingt-cinq ans d'immuable quiétude, le diocèse de Langres vit arriver, pour présider à ses destinées, un prélat éminent et distingué entre tous, avec des intentions droites, un
bon cœur, une admirable pureté de vie, et le zèle pressé de ceux
qui sentent que le temps ne leur appartient pas. Le nouvel évêque
inaugura quantité de mesures que M. le curé de Chambroncourt
jugea précipitées. Celui-ci, comme tous ceux qui vieillissent, atta-
chant une importance énorme à de petites choses, pensa tout perdu et crut qu'il était de son devoir de le dire hautement. Alors il
écrivit en toute sincérité, en toute conscience une lettre hardie,
très hardie qui froissa le prélat, surtout parce qu'il se voyait mal
compris.

L'évêque ne connaissait point le signataire de la lettre, ni son
âge, ni son passé, ni son caractère : il fut donc mécontent et à bon
droit. M. Humblot fut étonné de l'apprendre, tant il agissait de
bonne foi, en esprit de pure justice, sans que l'idée lui fût venue
que Mgr Bouange pût prêter à sa lettre un autre sentiment que
celui qui l'avait dictée.

C'était en 1879, il était vieux, il ne pouvait plus aller à Langres.

Une simple entrevue eût dissipé tous les nuages, bien légers
d'ailleurs, mais quelle occasion saisir, surtout qu'au fond il la
redoutait ? Sa nature craintive en effet reprenait le dessus. Des
lettres ne pouvaient qu'envenimer le mal, tandis que la présence
personnelle en un instant eût guéri la blessure qui malgré tout,
saignait au cœur de l'évêque.

Mgr de Briey, apprit cette étrange situation qui le fit sourire ;

car dès longtemps il connaissait, il affectionnait M. le Curé de Chambroncourt pour sa franchise et ses reparties. Il savait qu'à cet excellent curé, Dieu avait donné un cœur d'or mais enveloppé d'une écorce plus rugueuse que celle du chêne. Or les deux évêques faisaient en 1881 leurs visites pastorales en des paroisses contiguës. Mgr de Bricy fit engager l'évêque de Langres à passer par Trampot où il se trouvait ; M. Humblot y vint de son côté et fut présenté à son évêque. Celui-ci fut assez froid d'abord, et considéra longtemps cet homme de figure austère et de toute petite taille dont l'humble attitude ne révélait certes pas un séditieux ou un révolté. Il fut poli, mais d'une politesse qui demeurait piquée : il ne comprenait pas encore.

L'évêque de St-Dié, lui, comprenait et souriait toujours. Pendant le dîner, il fit raconter à M. le Curé de Chambroncourt ses mots les plus drôles, ses sermons les plus étranges. Celui-ci obéit ; mais il ne s'y prêtait qu'avec des manières embarrassées qui accentuaient encore le côté singulier de la situation. Mgr Bouange se déridait peu à peu et devenait bienveillant. Il regardait avec une sympathie de plus en plus vive le bon curé dont les yeux pourtant évitaient toujours les siens. Enfin la conversation s'engagea directement entre eux, et l'évêque de Langres tenant à prouver à M. Humblot que tout était désormais oublié, que ses manières, sa franchise lui allaient au cœur, cherchait comment il pourrait lui donner une marque de particulière affection :

— Mon bon Monsieur le Curé, dit-il tout à coup, est-ce que pour aller à Épizon je ne pourrais point passer par Chambroncourt?

L'excellent curé parut très embarrassé de cette sympathie si démonstrative et si soudaine. Sa terreur en devint comique, il balbutia quelques mots, cherchant un prétexte pour se dérober à un honneur qui le remplissait de confusion et de contrainte.

— Monseigneur, dit-il enfin, — croyant avoir découvert une raison péremptoire — pour la voiture de votre Grandeur les routes de Chambroncourt ne sont pas carrossables.

— Ah ! M. le curé, fit le vicaire général de St-Dié, ne serait-ce pas plutôt que vous vous trouvez dans un *cas rossable* ?

Le calembour fit fortune : il eut surtout le mérite de rompre toute glace. Mgr Bouange laissa le bon curé ravi de son aménité, de ses

manières exquises et si cordiales, et à son retour à Langres il lui
envoya la mosette de chapelain de la cathédrale, le 23 avril 1882.

L'année suivante, en 1883, ses forces tombèrent tout à coup,
mais comme un soldat blessé sur la brèche et qui combat toujours
soutenu par son seul courage, il entendait ne point défaillir avant
le temps. Son neveu — le jeune prêtre modeste et zélé qui lui a
succédé, — ayant été ordonné prêtre au mois de juin, alors seulement, après quarante-neuf ans, il cessa son binage. Mgr Bouange
s'alarma de le savoir malade et lui écrivit aussitôt : « Prenez soin
de votre santé, vous avez tant travaillé ! Jouissez d'un peu de repos
au milieu de votre peuple, jusqu'à ce que le Seigneur vous appelle
à la récompense. Je vous envoie votre neveu, comme un auxiliaire
dévoué.

Je vous donne l'assurance de ma prière spéciale pour vous au
saint autel. »

Le neveu vint donc s'établir à Chambroncourt, afin de soulager
par ses soins affectueux la vieillesse de l'oncle devenue chagrine.
Celui-ci vécut encore huit mois, souffrant cruellement d'une maladie inflammatoire. Mais jusqu'à son dernier jour il continua son
travail, relisant ses manuscrits, surtout relisant la vie des Saints.
Ses paroissiens vinrent presque tous le visiter. N'était-il pas le
père, le pasteur, le vieil ami de chaque famille ? Il les avait tous
mariés, presque tous baptisés, élevés, catéchisés. Ils avaient
oublié la verdeur de ses anciennes réprimandes, ne gardant que le
souvenir de ses dévouements sans répit et de son bon cœur. Les
détails matériels, qui ne l'avaient jamais beaucoup touché, ne l'oc-
cupaient plus, sa pensée ne regardait plus que les deux avenirs
imminents qui se dressaient devant lui : son avenir éternel et l'avenir de l'Église, et il lui arrivait souvent de dire unissant étroitement
dans son esprit cette double sollicitude :

— « Je ne voudrais pas encore mourir : Je voudrais voir le triomphe de l'Église ! Mourir ! ah ! Quel compte à rendre ! Cela m'effraie !
C'est terrible, c'est terrible, le jugement de Dieu ! »

Mais la confiance reparaissait aussitôt, et comme on venait de célébrer la fête de la Toussaint, il se prit à chanter plusieurs fois par jour, d'une voix de plus en plus tremblante, l'antienne : *Hymnus omnibus sanctis ejus.* — N'était-il pas déjà comme l'un des élus de ce peuple « qui approche de Dieu » et auquel l'Église prodigue ses hymnes de félicitations et de triomphe ? Il se sentait finir et quelques jours après on l'entendit répéter toujours chantant, l'introït de l'Épiphanie : « *Ecce advenit dominator Dominus.* Voici que le Maître vient » !

Il eut encore la force de célébrer la messe de minuit ; ce dernier effort l'épuisa et il n'eut plus le bonheur de monter à l'autel. On le pressait de se mettre au lit mais il refusa constamment, craignant d'être surpris par la mort, et voulant mourir avec toute la lucidité de son esprit, afin que sa dernière respiration fût encore un acte d'amour. Chaque jour sa faiblesse augmentait et il passait des nuits pénibles et étouffantes sur sa chaise. Quand il se sentait plus mal, il faisait venir son neveu et le priait de réciter les prières des agonisants. Il voulut même se confesser à lui, tant la foi était grande en son âme qui, dans ce jeune prêtre, n'envisageait point les liens de famille, mais ne voyait que le ministre de J.-C. pour la dernière heure. Vers le milieu de janvier 1884, il éprouva deux fortes syncopes. Son neveu effrayé lui parla de recevoir les derniers sacrements et envoya chercher aussitôt deux excellents confrères du voisinage.

— Mon vieil et cher ami, dit l'un d'eux, souvent vous avez dit à vos paroissiens qu'il ne faut pas attendre à la fin pour recevoir l'Extrême-onction. Eh bien ! donnez leur encore, par votre exemple, une leçon vivante et dont ils se souviendront.

— Ah ! oui, oui, dit vivement M. Humblot, je veux qu'on les fasse venir tous.

Il fut administré dans son fauteuil, car c'est là qu'il voulait mourir et il reçut les derniers sacrements avec une foi qui fit pleurer les assistants. Ainsi ce qu'il avait enseigné, il le faisait, vaillamment.

Ensuite il se leva et dit à ses confrères : — Je suis soulagé, et je veux faire comme la belle-mère de St Pierre après sa guérison, je veux vous servir à table. *Et febris dimisit eam, et ministrabat eis.*

Il leur offrit en effet un rafraîchissement et approcha même ses lèvres du verre qu'il prit dans sa main, puis il retomba assis. Ses confrères admiraient ce courage, cette simplicité en face de la mort et cette charité suprème, qui les remplissaient d'une émotion qu'ils eussent voulu pouvoir dissimuler. Il récita son office jusqu'au dimanche 20 janvier. Alors les forces lui manquèrent pour prononcer les paroles saintes du bréviaire. Après deux journées de répit, ou plutôt d'affaissement, le mercredi il fut pris de frissons et sentit que le froid lui gagnait les membres, puis le cœur. Il ordonna qu'on lui mît tout près sur sa table son crucifix avec une statue de Notre-Dame de Lourdes. Ses yeux ne les quittèrent plus, sa bouche ne cessait de les invoquer par les prières jaculatoires les plus émouvantes ; et son neveu qui ne l'avait pas abandonné un instant, restait auprès de lui, interrogeant la marche de la mort, et trouvant dans son cœur ces paroles filiales de confiance et d'amour, qui ranimaient encore les dernières étincelles de vie et de foi dans l'œil déjà vitreux du vieillard.

Il lui donna vers minuit une suprême absolution, et, une minute après, sans agonie, son oncle s'éteignit doucement dans le fauteuil confident de ses longues souffrances.

*
* *

Chaque famille porta religieusement son deuil. Du jeudi au samedi les jeunes gens se relayèrent pour le veiller : ils avaient demandé comme une faveur de faire autour du lit funèbre du bon vieillard qui les avait élevés la plus touchante et la moins officielle des gardes d'honneur. Malgré le froid très intense une multitude considérable et vingt-cinq prêtres accoururent des pays voisins à ses funérailles. Il n'y avait qu'une voix pour dire combien les regrets étaient sincères et universels. M. le doyen de Saint-Blin retraça, avec la finesse et le cœur qui lui appartiennent à un si haut degré, la vie et les vertus de cet homme de bien qui avait été son condisciple et son ami. Les sanglots de l'assistance lui prouvèrent qu'il disait vrai et qu'il était compris.

Mgr Caverot voulut prendre part au deuil de la paroisse et il écrivit le 31 janvier suivant à M. l'abbé Humblot le nouveau curé de Chambroncourt.

« Je donne les regrets les plus sincères à la mémoire de votre digne oncle. J'avais pour cet excellent prêtre autant d'estime que d'affection et je le recommanderai du meilleur de mon cœur à la miséricorde divine devant laquelle son âme si droite et si pieuse, a certainement trouvé grâce. C'est plutôt à lui de prier pour nous. »

*
* *

Ainsi mourut Jean Humblot, en homme de foi, en soldat du Christ, comme un prêtre doit mourir. Il était connu surtout pour ses mots pittoresques, ses saillies originales, ses proverbiales historiettes ; mais ce n'était là qu'un côté de l'homme, le plus apparent peut-être, non le plus lumineux ni le plus solide. Pour lui, le mot drôle et piquant c'était le marteau à l'aide duquel il enfonçait le clou de sa pensée. Le monde peut-être n'a vu que cette face et souvent n'a retenu que certaines expressions triviales du discours. Nous tenions à montrer combien il y avait aussi et surtout en cet homme, de science, de vertu, de simplicité, de bon sens, de zèle incroyable et de bonté.

Il dort maintenant au cimetière au milieu de ses enfants qu'il y a presque tous conduits ; il dort sous une tombe où des mains pieuses ont gravé l'étole, le calice et le ciboire, au pied de la croix de Marie Dubois. Son neveu le remplace, comme autrefois Pierre avait remplacé son oncle Jean-Baptiste Dubois. Il continue de faire fleurir les mêmes traditions de dévouement et d'hospitalité, les mêmes vertus. Heureux habitants que ceux de Chambroncourt où les cœurs sont demeurés fidèles aux prêtres et les mœurs fortes ! Heureuse paroisse que les pasteurs, comme au siècle derniers, adoptent encore pour leur pays, pour leur famille !

De Perrette, 14 juillet, 1888.

NOTES IMPORTANTES

Nous avons renvoyé à la fin ces notes qui eussent entravé la suite du récit, mais qui n'en renferment pas moins des traits et des mots curieux de M. Humblot. Nous reviendrons particulièrement sur sa manière de faire le catéchisme et sur ses prédications.

I. — M. Humblot fut un catéchiste remarquable, au moins si l'on se place au point de vue des succès, des résultats acquis. Mgr Caverot lui rendit un jour publiquement ce témoignage après avoir interrogé des confirmants de Chambroncourt qu'il trouva très instruits. Le bon curé se faisait enfant avec les enfants, bégayait même avec les plus petits, au besoin leur parlait leur patois, se servant de comparaisons triviales peut-être, mais à leur portée et qui faisaient, à l'aide de ces images vulgaires, pénétrer la science dans leur esprit.

Une de ses ingénieuses industries consistait à présenter aux enfants les tableaux des contraires. Sur une feuille, il décrivait par exemple l'*humilité* avec toute la famille des vertus dont elle est la mère ; sur une autre le vice opposé, l'*orgueil*, avec toutes ses diverses ramifications. Un petit garçon lisait le premier tableau ; une petite fille le second ; le pasteur développait, comparait, puis faisait répéter. De même pour tous les traités.

Ses images étaient si saisissantes, que parfois les enfants moins intelligents s'y méprenaient, ce qui donnait lieu à des scènes risibles. Il avait un jour expliqué, dans son langage figuré, qu'il faut apporter en venant se confesser le *miroir* de l'examen de conscience, et le *couteau* de la contrition. L'un d'eux apparut, porteur d'un *couteau* et d'un *miroir*. Le curé se mit à rire, mais ne se déconcertant point, reprit ses explications : « Ce n'est pas dans une glace, mais dans l'examen de conscience qu'il faut se mirer. Le *couteau*, c'est la contrition, qui perce la tumeur du péché. As-tu ce *miroir*-là ? As-tu ce *couteau*-là ? — Oui Monsieur. — Eh bien ! c'est bien. »

Avant d'en venir au catéchisme diocésain, il donnait des notions très étendues sur l'Histoire Sainte, faisant longuement ressortir les figures du Messie. Ensuite il racontait toute la vie de J. C., toujours avec sa singulière mise en scène. Donnons un exemple de sa manière.

*
* *

— Un jour le percepteur de Capharnaüm s'en vient trouver Pierre et lui dit : — « Mais savez-vous bien que votre Maître Jésus ne paie pas ses impôts, et qu'il est sur ma liste des retardataires ? Qui est-ce qui croirait cela de lui, un si brave et si honnête homme, dit-on ? Veuillez lui rappeler que je l'attends ces jours-ci. — Je ferai votre commission, M. le percepteur. » — Pierre étant venu vers Jésus. Jésus le prévient lui-même : — « Pierre, dites-moi voir un peu à qui on paie les impôts ? N'est-ce pas aux rois ? — Mais oui, Maitre. — Eh bien ! moi je suis roi et fils de rois, je ne dois donc pas d'impôts et vous auriez dû dire çà à M. le percepteur. — C'est vrai, mais je n'y ai pas pensé. »

Et le catéchiste part de là pour expliquer les droits et les immunités de l'Église.

Comme les vrais maitres de l'enseignement, dans son récit, il répète le mot qui fait entrer l'idée, la comparaison qui frappe, c'est la *hotte*, le *marteau*, les *glands ;* la science divine qui est une science de *vie*, la science humaine, une science de *cercueil*.

Parle-t-il du septième commandement ? il pose aux enfants tous les cas de conscience imaginables mettant en scène les gens de sa paroisse, avec leurs sobriquets. Loin de rire, les enfants attachent davantage leur attention au sujet. Il n'en va pas de même des étrangers. « Je n'y pus tenir, nous écrit une personne qui assista un jour à ce catéchisme sur les vols, il fallut m'en aller. C'était à mourir de rire. Mais j'admirai avec quel talent il avait su faire l'énumération complète des vols qui se commettent à la campagne. »

*
* *

Voici maintenant une leçon de politesse : « Quand on rencontre quelqu'un, que faut-il faire ? — On ôte sa casquette et on dit : Bonjour ! — Bonjour qui ? Il faut ajouter bonjour Fanfan, bonjour Cadet, bonjour Justin, bonjour Nannette... Mais quand celui qu'on rencontre est le bon Dieu ? — On ôte sa casquette et on se met à genoux. — Bien. Et si tu rencontres le bon Dieu alors que tu mènes une voiture de fumier ? — On ôte sa casquette et on se met à genoux. — Ce n'est pas assez, que faut-il faire encore ? Personne ne répond ? Mais on dit : • *Ouôh ! ouôh !* • et le bon Dieu passé, « *Hue !* »

Tout cela, j'en conviens, est « plus admirable qu'imitable ». Aussi bien ne faut-il que rarement imiter. « Ne forçons point notre talent. » Mais les enfants de Chambroncourt étaient faits à cette manière ; le bon curé, assis au milieu d'eux, leur permettait de s'attrouper autour de lui, quelquefois ils appuyaient leur menton sur ses épaules, et ils sortaient ravis de ces catéchismes où ils avaient pu, tout en recevant de bonnes morales, faire les plus étranges questions. — « *C'est-y* bien gros, votre pays, Monsieur le curé ? — Oh oui ! c'est cinq fois au moins comme Chambroncourt. — On dit que ce n'est pas loin de *Sarcueil*, (Serqueux). — Est-ce bien gros, *Sarcueil* ? — Oh oui ! c'est huit fois comme Chambroncourt. Allons ! Allons ! en voilà assez. Commençons. Nous en sommes restés à la correction fraternelle... »

II. — Nous avons dit qu'il sentait vivement les beautés de la nature. Dans son âme à l'enveloppe rude chantait souvent la poésie. Témoin le sermon sur les *cailles*. Un dimanche, en revenant de Morionvillers, il entend les cris monotones de la caille dans les champs : — • Voilà, se dit-il, un oiseau qui m'apprend ma leçon. » — Après l'évangile, il monte en chaire et dit à ses paroissiens de Chambroncourt :

« Mes frères, je viens d'entendre un oiseau dont le chant m'a frappé, parce qu'il m'a rappelé une des recommandations que je suis obligé de vous faire comme curé. Savez-vous ce qu'il disait ? « Paie .es dettes, paie tes dettes ! » Puisque vous entendez plus souvent que moi les cailles des champs, faites vo-

tre profit de la leçon qu'elles vous donnent. Payez vos dettes, comme je vous
le recommande sans cesse. »

⁎
⁎ ⁎

Un autre jour il leur tient le langage suivant :

« Mes frères, je ne croyais pas vous parler ce soir, et j'avais une bonne raison de me taire, n'ayant rien de préparé. Or tout à l'heure en allant à Morionvilliers, j'ai trouvé l'occasion de vous faire une instruction et, certes, une instruction solide. J'ai rencontré sur mon chemin un tas de chardons sarclés de
ces jours derniers. *Y en avait-il ? Y en avait-il ?* Tout de suite, je me suis dit :
Je n'ai point de sermon de prêt. mais la vue de ces chardons coupés et jetés
sur la route me fournit l'idée du plus beau et du plus pratique des sermons.
Moi, curé, qui ai à cultiver le champ de vos âmes, je me suis représenté aussitôt les gros chardons du péché dont peut-être foisonnent vos consciences, et
je me suis proposé de vous faire deux recommandations :

« La *première*, c'est qu'il ne faut pas vous contenter de sarcler vos blés,
vos orges et vos avoines ; qu'il faut sarcler aussi vos cœurs, parce que les
chardons spirituels sont bien plus piquants et plus mauvais que ceux de vos
champs. David avait laissé pousser dans son âme deux de ces maudits chardons,
et voilà qu'il ne pouvait plus dormir. Çà le piquait, *et je te pique*, sans cesse.
Il s'en débarrassa et put se reposer. Est-ce que vous ne sentiriez pas vous-
même la piqûre de ces chardons du péché ? Vous seriez alors bien à plaindre,
plus à plaindre que David, qui cependant ne pouvait plus y tenir. Donc il faut
sarcler vos âmes.

« Maintenant, comment faire cette opération ? Je vais vous le dire et c'est
ma seconde recommandation. L'opération, elle est bien simple. Elle consiste
en deux choses, d'abord couper les chardons ; puis les sortir du champ. —
Qu'est-ce que couper les chardons ? C'est se repentir d'avoir offensé son Dieu.
Excitez la contrition dans vos âmes et vous ne couperez pas seulement le péché, mais, ce qui vaut bien mieux, vous le déracinerez. — Qu'est-ce que tirer
les chardons du champ ? C'est confesser ses fautes, c'est les rejeter par la bouche. Rejetez-les bien loin tous, n'en laissez aucun dans votre champ spirituel.

« Eh bien ! maintenant n'avais-je pas raison de vous dire : Voilà une instruction solide ! »

⁎
⁎ ⁎

Mais il se plaisait à revenir sur son thème favori : le luxe, le luxe enfanté
par les principes de 89, ainsi qu'il le prouvait avec esprit :

« Le luxe, mes frères, est une des conséquences funestes des fameux principes de 89, dont on nous rebat sans cesse les oreilles : « Un tel, une telle sont
bien habillés. Pourquoi donc ne m'habillerais-je pas aussi bien qu'eux ? Est-ce
qu'ils sont plus que moi ? Est-ce que je ne suis pas autant qu'eux ? » — Ça se
peut que vous ne soyez pas autant qu'eux. Il faudrait savoir une chose que
vous oubliez, ou que vous n'avez jamais voulu savoir, c'est que les conditions
sont inégales ici-bas, et que le bon Dieu lui-même a voulu cette inégalité. Toujours il y aura sur la terre des grands et des petits, des riches et des pauvres,
des savants et des ignorants. Respectez, s'il vous plaît, cette loi de la Providence et ne vous élevez pas au-dessus de votre condition. Vous voulez. —
je parle aux femmes surtout, — être extérieurement des duchesses, des *baronnesses*, des *marquisesses*, des princesses. Vous voulez en un mot singer les

grands seigneurs, mais alors singez-les donc en toutes choses. Les grands seigneurs n'ont pas que de beaux habits, ils ont aussi une table bien servie, de
la bonne viande, du vin généreux, et vous, qu'est-ce que vous avez? Un *hareng*
et une *bassinée* d'eau. — Les grands seigneurs ont de beaux cabriolets pour
les promener, et vous, qu'est-ce que vous avez? Des brouettes, des tombereaux.
des voitures à fumier. — Les grands ont tout une suite de gens à gages, de
domestiques, de servantes, de laquais avec des livrées brillantes ; et vous
qu'est-ce que vous poussez devant vous habituellement ? Des bœufs, des va-
ches, des moutons, on dirait que vous êtes la suite de toutes ces bêtes-là.

« Allons donc ! Vous n'êtes que des roturiers et des roturières, des villageois
et des villageoises. Je ne vous offense pas en vous le disant; c'est pourquoi
laissez à celles qui s'appellent comtesses, duchesses, *baronnesses* et *marquisesses*
le soin de s'habiller comme telles. Quant à vous, puisque vous êtes des roturières et des villageoises, habillez-vous comme des roturières et des villageoises. »

*
* *

Encore une jolie fiction afin de demander à ses paroissiens de l'huile pour
la lampe du sanctuaire. C'était la fête de la Dédicace. Jetant les yeux sur les
bas-côtés de l'Église, tout à coup il fait un grand geste, les deux bras étendus,
et s'écrie :

« Enfin ! Enfin ! les carreaux sont donc *rebouchés* ! Qu'il y a longtemps que
les moineaux et les hirondelles entrent ici ! Les hirondelles, elles venaient ni-
cher à la voûte du chœur, tout vis-à-vis du maître autel.... Mais ce n'est pas
tout, par ces ouvertures de fenêtres, il venait aussi un gros oiseau, — je l'ai
vu bien des fois, sans réussir jamais à l'attraper, — qui buvait l'huile de la
lampe du sanctuaire. Aussi suis-je obligé de vous l'annoncer, ma provision est
épuisée, et l'un de ces jours je vous enverrai notre quêteur d'huile. Donnez-lui
de l'huile d'Abel, point d'huile de Caïn. Caïn c'était un avare, comme sont tant
de gens de Chambroncourt, et si Dieu lui avait autrefois demandé un sacrifice
d'huile, Caïn n'aurait donné que des *fondrées*. Je ne veux pas de vos *fondrées*,
moi ! Donnez-moi de votre meilleure huile, comme ferait Abel s'il était à votre
place. Après tout, ce n'est pas pour moi, cette huile-là, c'est pour le bon
Dieu. »

Il tenait à ce que l'on respectât le lieu saint et ne ménageait pas les plus ver-
tes remontrances. A un jeune homme qui restait debout sous les cloches pendant la bénédiction : — « Est-ce que tu es de chez les Patagons, toi ?» — A un
autre qui bâillait pendant qu'il prêchait : « Toi qui bâilles là-bas, je suis sûr
que tu ne pourrais pas seulement nous dire quelle fête nous célébrons aujour-
d'hui ! » A tous il recommandait d'arriver pour la bénédiction de l'eau : « Quand
le premier coup sonne, entendez-vous ? Quand le second coup sonne, apprêtez
vous ! Quand le dernier coup sonne, *viens-t-en*. » Et que tous en entrant pren-
nent de l'eau bénite : « Savez-vous ce que rappelle l'*eaubénitier* ? Qu'il faut
venir ici avec une âme propre. Ah ! Grand Dieu ! Qu'il y en a qui se présentent
à l'église avec de gros péchés mortels et qui ne voudraient pas y venir avec
une blouse ou une culotte percée ? »

Combien souvent il revint sur la sanctification du dimanche ! Avant l'établis-
sement de la voie ferrée de Chaumont à Neufchâteau, quelques cultivateurs
charriaient le dimanche de la fonte ou du minerai pour les forges de Manois et

de Rimaucourt. On sait que les morceaux de fonte brute s'appellent des saumons. Le bon curé pour corriger ses paroissiens imagina ce piquant dialogue
de deux cultivateurs.

— « Eh ! dis donc ! Veux-tu venir aux saumons dimanche avec moi ?

— « Aux saumons, dimanche ! Mais qu'est-ce que tu me dis ? Y penses-tu ?
On nous a prêché cent fois, mille fois à l'église que le travail du dimanche n'enrichit pas. Tiens ! Regarde donc un tel qui ne va jamais à la messe, en est-il
plus riche ? Moi, je crois qu'il mendiera son pain bientôt.

— Bah ! il faut gagner sa vie. On mange le dimanche, pourquoi ne travaillerait-on pas ce jour-là ?

— Fais ce que tu voudras, pour moi jamais je ne charrierai le dimanche. Et
puis, dis-donc ! je ne suis pas marié, moi. Qu'est-ce que diraient les filles, si
j'allais mener la fonte à Manois, le dimanche ?

— Que veux-tu qu'elles disent ?

— Que veux-tu qu'elles disent ? Elles diraient : « Moi je ne me marie pas avec
un *saumon !* »

Voilà les bons sermons : ceux qui restent.

III. — On a déjà deviné que les allusions politiques ne manquaient point dans
ses allocutions, surtout sous l'Empire en 1859, au moment de cette guerre d'Italie
également funeste à l'Église et à la France. Comme il cinglait « ce méchant
petit roitelet du nom de Victor-Emmanuel qui se permettait de donner des leçons au pape Pie IX, comme si la lune devait faire la loi au soleil. » Mais il
ne se permettait ces allusions que si les droits de l'Église étaient méconnus ou
lésés. La sainte Église catholique, apostolique et romaine fut le grand amour
de toute sa vie : « Est-ce que c'est à votre église de Troyes, Mgr Cœur, disait-
il; est-ce que c'est à votre église d'Orléans, Mgr Dupanloup ; est-ce que c'est
à votre Archi-église de Besançon, Mgr Mathieu, que le bon Dieu a promis l'esprit de prière ? Je ne puis comprendre qu'un évêque puisse refuser d'embrasser
la liturgie romaine. »

Aussi comme il aimait le livre même du bréviaire, surtout son cher premier
bréviaire romain d'Hortes, qu'il garda jusqu'à sa mort comme une relique ! Que
de fois il l'a relié ! Car il était aussi relieur et il disait : « Il faudrait pendant
leur séminaire apprendre aux élèves cette utile profession. Cela donne l'esprit d'ordre ; et l'on conserverait une foule de choses précieuses, si l'on s'adonnait à cet art. »

*
* *

Il n'avait pas assez d'anathèmes pour la science moderne ennemie de l'Église,
science de *cercueil*, science de *cyclope*, qui, à l'image de ceux-ci, n'a qu'un
œil, uniquement tourné vers la terre : « Voilà les *épitaphes* à placer sur la porte
des écoles sans Dieu ! » Et les persécutions religieuses ? « Les décrets qui les
ont édictées, écrivait-il, sont signés Lucifer, haut chef de bande, contre signés par Mammom, Asmodée, et Astaroth, duc des enfers. » Il exprima un
jour ses idées au sujet de la conspiration ourdie contre l'Église, dans une conférence restée fameuse sur la véritable hiérarchie. Un habile crayon illustra sa
pensée en deux dessins très originaux. L'un représentait l'empereur dont la
tête convertie en bras, — car il n'était que le bras de la Révolution, — se préparait à écraser le Pape, les évêques et le clergé, toute la hiérarchie ; — l'au-

tre montrait le peuple-roi, — le dieu moderne, — les pieds en l'air, marchant sur sa tête couronnée de la tiare qu'il a usurpée, en s'arrogeant à lui seul l'autorité souveraine.

*
* *

Son extrême bonté faisait que ses paroissiens lui passaient toutes ses boutades et l'écoutaient toujours. Qui dira sa charité, ses aumônes, surtout les dépenses personnelles que lui causa la construction de son église ? — « Eh ! toi là-haut, criait-il de temps en temps à quelque maçon, tu boirais bien un *gaulon* n'est-ce pas ? » — Et l'ouvrier se hâtait de descendre, suivi de plusieurs autres. Que de *gaulons* il offrit ainsi et qu'on ne refusa jamais !

On l'aimait aussi pour sa bonne humeur qui ne s'offensait point de la plaisanterie. Lui-même l'encourageait parfois. Un jour qu'il sonnait le dernier coup de la messe avec son instituteur, qu'il appelait pittoresquement son *croque-amen* : « Jeanjean, fit-il tout haut, contrefaisant la mairesse qui l'avait autrefois si peu accueilli, est-ce que tu n'as pas demandé un curé à Monseigneur ? — Hein ? *croque-amen*, c'est aujourd'hui l'anniversaire. Il y a aujourd'hui quarante-sept ans que je suis curé de Chambroncourt. »

*
* *

« J'ai assisté un jour, nous écrit M. l'abbé Villemin, M. Humblot administrant le baptême à un enfant de Morionvilliers, et je ne résiste pas au plaisir de vous raconter la scène dont j'ai été témoin. C'était le jour où je venais d'entendre le commentaire du passage de St Paul aux Éphésiens *Ego vinctus in Domino*. Après la messe, M. le curé me dit : « L'abbé, puisque tu fais le *croque-amen* aujourd'hui dans les deux paroisses, ne t'en va pas : j'ai un baptême à faire, il faut que tu répondes. » Le parrain et la marraine se présentent: un gros garçon assez peu dégourdi du nom d'Éloi Louviot, et une petite fille de huit à neuf ans. — « Quel nom voulez-vous donner à cet enfant ? — *Éloë* Louviot. — Ah ça ! l'abbé, connais-tu un saint du Paradis qui s'appelle *Éloë* Louviot ? — Monsieur, répond le parrain, en patois, *c'a le premé de décembre*. — Je comprends aussitôt : « Le parrain, dis-je à M. le curé, donne à son filleul le nom d'Éloi. — Ah bon ! St Éloi, c'était le maréchal du roi Dagobert. C'est tout de même un saint du Paradis. »

Il interroge ensuite : — « Renoncez-vous à Satan ? » — La petite marraine ne répondant rien : — « Et toi, petite *gachotte*, tu n'y renonces pas ? Allons ! dis avec moi : J'y renonce. Et à ses œuvres ? J'y... j'y... renonce. Et à ses pompes ? » — L'enfant ayant répondu d'elle-même cette fois : — Tu y renonces, as-tu dit ? Pas encore trop : qu'est-ce que c'est donc que tout ça qui est sur ton bonnet ? » Et il montrait le bonnet de la petite fille où l'on voyait poindre en quelques rubans savamment disposés, une aurore de vanité précoce. »

Que d'autres traits il faudrait raconter, non moins intéressants, mais qu'il convient d'omettre, si l'on ne veut pas transformer cette simple notice en un gros volume !

TABLE DES MATIÈRES

NOTES IMPORTANTES

FIN

Imp. G. Saint-Aubin et Thevenot, Saint-Dizier, 30, passage Verdeau, Paris.